30년 제자훈련의 결정판
아름다운 동행

모든 인간은 하나님의 형상을 닮은 존엄한 존재입니다. 전 세계의 모든 사람들은 인종, 민족, 피부색, 문화, 언어에 관계없이 존귀합니다. 예영커뮤니케이션은 이러한 정신에 근거해 모든 인간이 존귀한 삶을 사는 데 필요한 지식과 문화를 예수 그리스도의 사랑으로 보급함으로써 우리가 속한 사회에 기여하고자 합니다.

아름다운 동행

초판 1쇄 찍은 날 · 2011년 11월 15일 | 초판 1쇄 펴낸 날 · 2011년 11월 20일
지은이 · 이규학 | 펴낸이 · 김승태
등록번호 · 제2-1349호(1992. 3. 31) | 펴낸 곳 · 예영커뮤니케이션
주소 · (136-825) 서울시 성북구 성북1동 179-56 | 홈페이지 www.jeyoung.com
출판사업부 · T. (02)766-8931 F. (02)766-8934 e-mail: edit1@jeyoung.com
출판유통사업부 · T. (02)766-7912 F. (02)766-8934 e-mail: sales@jeyoung.com

ISBN 978-89-8350-770-0 (03230)

값 7,500원

* 잘못 만들어진 책은 교환해 드립니다.
* 본 저작물은 저작권법에 의하여 한국 내에서 보호를 받는 저작물이므로 무단 전제와 무단 복제를 금합니다.

30년 제자훈련의 결정판
아름다운 동행
이규학 지음

예영커뮤니케이션

[머리말]

내 평생 소원은 푸른 초장 맑은 시냇가에서 맘껏 풀을 뜯으며 자라는 양떼를 바라보는 것입니다. 갓 태어난 양들이 건강하게 자라는 것을 보면 기쁘기 한이 없습니다.

교회에서 전도와 더불어 가장 중요한 사역이 새신자 정착사역과 제자훈련입니다. 한국교회 새신자 정착율이 평균 20%라고 합니다. 새신자 정착과 양육을 위해서 '겨자씨 성경공부'를 개설하여 6개월씩 가르친 것이 15년이 넘었습니다. '겨자씨'를 보완한 '새신자 길라잡이'로 새신자 정착과 양육을 시작한지가 15년의 세월이 흘렀습니다. 30여 년의 목회사역을 전도와 새신자 양육에 집중했습니다. 그 결과 새신자들이 정착해서 교회의 리더가 되어 인천의 대표적인 교회로 성장했습니다. 30여 년의 경험을 통해 '새신자 길라잡이'를 '아름다운 동행'으로 21세기 목회현장에 적합하도록 보완하면서, 정착을 넘어 제자양육까지 나아가도록 했습니다. 새신자 정착과 제자화를 통한 한국교회의 새로운 부흥을 꿈꾸며…….

이규학 감독

[본 교재의 효과적 활용]

이런 특징이 있습니다

본 교재는 본인이 목회를 시작하면서부터 지금까지 30여 년 동안의 새신자 정착과 양육을 위해 가르치고 훈련한 내용들의 결정판입니다.

본 교재의 주제들에 공통적으로 포함된 내용은 교회론과 구원론, 제자훈련입니다. 선교 단체는 구원의 확신에 대해서는 많이 강조했으나 교회론 부분이 취약했고, 교회는 교회론에 충실하다 보니 구원론 부분에서는 미진했습니다. 본 교재 1부는 교회론과 구원론적 관점에 두고, 2부는 제자양육을 목표로 집필했습니다. 개 교회에서 새신자들에게 구원의 확신을 심어주고 교회생활을 충실하게 할 수 있는 제자를 양육하기에 유용할 것입니다.

본 교재는 소주제에 따른 핵심 성경을 본문에 제시하고 그 본문 성경을 해설해 나가는 방법을 취했습니다. 이렇게 한 까닭은 "성경이 성경을 해석한다."는 기본 명제에 충실하기 위함입니다. 새신자들이 처음부터 하나님의 말씀을 직접 대하여 구원 받고 풍성한 삶을 누리기를 바라는 마음 때문입니다. 각주의 성경 구절도 참고하면 큰 유익이 있을 것입니다. 인도자를 위해 인도자 참고를 넣었습니다.

이렇게 구성되어 있습니다

1. 총 12과로 구성했습니다.
2. 1권은 구원의 확신과 교회론입니다.
3. 2권은 제자훈련입니다.
4. 반갑습니다 : 만나서 인사하고, 지난 주간 과제점검하고, 아이스 브레이크 하는 시간입니다.
5. 소제목 : 전체 내용을 소제목으로 구분하였습니다.
6. 본문 성경 : 소제목에 합당한 성경 구절입니다.
7. 본문 성경 해설 : 새신자의 입장에서 해설하였습니다.
8. 각주 성경 : 본문 해설하는 중 참고한 성구입니다.
9. 함께 나눔 : 소그룹 토론 주제입니다.
10. 마치면서 : 모든 순서를 마치며, 기도하고, 다음 주 과제를 줍니다. 과제 내용은 인도자가 정합니다.

이런 용도로 적당합니다

1. 새신자를 정착하고 제자로 양육합니다.
2. 청장년, 대학부 양육, 제자훈련용입니다.
3. 소그룹 성경공부로 사용할 수 있습니다.
4. 새신자들이 혼자 읽고 공부하기 쉽습니다.

이렇게 사용하면 좋습니다

1. 본문 성경은 학생들이 함께 읽도록 합니다.
2. 인도자는 해설을 중심으로 소주제를 설명합니다.
3. 함께 나눔으로 소그룹 토론을 합니다.
4. 한 주에 한 과를 기준으로 합니다.
5. 한 과는 1시간 내외입니다.

[차례]

아름다운 동행(제자훈련과정)

제1과   주님의 제자 ·11
제2과   제자와 성령충만 ·19
제3과   제자와 성령의 은사 ·39
제4과   제자와 성령의 열매 · 51
제5과   제자와 영적전쟁 · 61
제6과   제자의 사명! 전도 · 73
제7과   제자와 가정 · 83
제8과   제자와 청지기 · 95
제9과   제자와 순종 · 105
제10과 제자와 사회참여 ·117
제11과 성례전 · 133
제12과 세계선교 · 151

제1과
주님의 제자

[반갑습니다]

한 주간 주께서 은혜 주신 것과, 찾아뵙고 싶은 나를 가르쳐 준 스승님들에 대해 이야기해 봅니다.
(찬송과 기도로 시작할 수 있습니다.)

"그러므로 너희는 가서 모든 민족을 제자로 삼아 아버지와 아들과 성령의 이름으로 세례를 베풀고 내가 너희에게 분부한 모든 것을 가르쳐 지키게 하라. 볼지어다, 내가 세상 끝날까지 너희와 항상 함께 있으리라 하시니라."(마 28:19-20)

1부에서는 새신자로서, 성도로서 마땅히 알아야 할 가장 기본적인 신앙에 대해 배웠습니다. 구원받아 거듭난 모든 성도는 예수 그리스도의 제자로 축복된 한 평생을 살게 됩니다. 신앙이 성장해야 하고, 풍성한 열매를 맺어야 하는 것입니다. 우리 주 예수 그리스도를 닮아가야 하는 것입니다. 2부는 좋은 제자가 되어 장성한 그리스도인으로서 행할 바를 배우고 실천하는 과정입니다. 잘 배우고 실천하여 그 인격과 사역이 예수 그리스도를 따르는 좋은 제자가 되도록 합시다.

1. 제자의 어원적 의미

제자는 그 자체로 스승을 본받아 잘 배우고 잘 훈련된 사람을 의미합니다. 따라서 제자란 단순하게 배우는 사람만을 의미하지는 않습니다. 그래서 그리스도의 제자란 과거에 주님을 닮지 않은 모습에서 훈련의 반복을 통하여 주님을 닮아가는 사람을 말합니다.

2. 제자의 성경적 의미

"세베대의 아들로서 시몬의 동업자인 야고보와 요한도 놀랐음이라. 예수께서 시몬에게 이르시되 무서워하지 말라. 이제 후로는 네가 사람을 취하리라 하시니 그들이 배들을 육지에 대고 모든 것을 버려 두고 예수를 따르니라."(눅 5:10-11)

(1) 제자는 따르는 자입니다.(눅 5:10-11)
(2) 제자란 배우는 자입니다.(고전 4:11)

(3) 제자란 선택받은 자입니다.(막 3:13-15)

(4) 제자란 위탁받은 자입니다.(마 28:18-20)

(5) 제자란 보냄을 받은 자입니다.(눅 6:12-13)

3. 누가 제자인가?

"그러므로 너희는 가서 모든 민족을 제자로 삼아 아버지와 아들과 성령의 이름으로 세례를 베풀고 내가 너희에게 분부한 모든 것을 가르쳐 지키게 하라. 볼지어다, 내가 세상 끝날까지 너희와 항상 함께 있으리라 하시니라."(마 28:19-20)

제자는 특정 선택된 사람이 아닙니다. 모든 그리스도인들이 제자입니다. 제자가 되는 것, 제자로 사는 것은 그리스도인이라면 이라면 마땅히 해야 할 지상 사명입니다. 물론 그리스도의 제자가 되기 위해서는 먼저 예수 그리스도가 생명의 주요, 구세주이신 것을 믿으며 그 발아래 복종하는 순종이 있어야 합니다. 그리고 예수 그리스도를 개인의 구세주로 믿고 영접하고 세례를 받아야 합니다. 세례는 그리스도인이 되었다는 증표입니다. 그래서 세례를 받으므로 하나님의 가족의 일원이 되어 교회공동체를 이루게 됩니다. 이러한 과정을 거쳐 주님의 가르침과 말씀의 교훈을 받아들이고 순종할 때 비로소 그리스도의 제자가 되는 것입니다. 예수님께서 천국복음을 전하시고 가르치시고 치료사역을 하시며 제자를 삼으셨던 것처럼 주님의 제자로 부름을 받은 자는 예수님의 사역을 계승하는 자로 헌신해야 합니다.

4. 제자훈련의 목적

"어떤 사람은 사도로, 어떤 사람은 선지자로, 어떤 사람은 복음 전하는 자로, 어떤 사람은 목사와 교사로 삼으셨으니 이는 성도를 온전하게 하여 봉사의 일을 하게 하며 그리스도의 몸을 세우려 하심이라."(엡 4:11-12)

제자훈련의 궁극적인 목적은 첫째, 예수 그리스도의 인격과 사역을 본받는 것이고, 둘째로는 예수님의 삶을 본받는 신자의 자아상을 확립하는 것입니다. 예수님처럼 되고, 예수님처럼 살기를 원하는 신앙인으로 만드는 것이 제자훈련의 목적입니다. 예수님의 제자가 된다는 것은 예수님을 주인으로 모시고 그를 따를 뿐만 아니라 그에게 순종하는 사람이 된다는 것입니다. '그리스도인'이라는 의미 안에는 '작은 그리스도'라는 의미가 포함되어 있습니다. 1세기 성도들은 작은 예수(그리스도)라는 이름을 얻었습니다. 초대교회 성도들이 작은 그리스도라는 별명을 들었던 것처럼 우리도 예수님처럼 되어야 합니다. 그래서 훈련이 필요합니다. 제자훈련은 말씀과 성령의 감화를 가지고 하나님의 사람으로 하여금 온전한 사람이 되게 하고 온전한 삶을 살도록 합니다.

5. 예수님의 사역을 이어받는 제자

"그러므로 너희는 가서 모든 민족을 제자로 삼아 아버지와 아들과 성령의 이름으로 세례를 베풀고 내가 너희에게 분부한 모든 것을 가르쳐 지키게 하라 볼지어다. 내가 세상 끝날까지 너희와 항상 함께 있으리라 하시니라."(마 28:19-20)

그리스도의 제자는 예수님이 세상에서 하셨던 사역을 모두 이어 받는 것입니다. 예수님께서는 제자를 부르실 때에 성숙한 그리스도인이 되게 하는 목적과 동시에 예수님의 사역을 계승하기를 원하셨습니다. 그래서 주님은 부활하신 후 승천하시기 전에 다음과 같이 지상 명령을 하셨습니다. 마태복음 28장 19-20절, "그러므로 너희는 가서 모든 민족을 제자로 삼아 아버지와 아들과 성령의 이름으로 세례를 베풀고 내가 너희에게 분부한 모든 것을 가르쳐 지키게 하라 볼지어다 내가 세상 끝날까지 너희와 항상 함께 있으리라 하시니라". 이 성경 말씀에 보면 동사가 넷입니다. 그 중 '가서', '세례를 주고', '가르쳐' 셋은 분사형이고 "제자를 삼으라."는 동사만 명령형으로 되어 있습니다. '가서', '세례를 주고', '가르쳐'라는 동사도 중요한 부분이지만 이것들은 "제자를 삼으라."는 지상명령의 목적을 이루기까지의 과정들입니다. 한 마디로 이 말씀은 예수님께서 주신 권위와 위임을 받은 제자들에게 또 다른 그리스도의 제자를 삼는 과정을 제시해 줍니다.

6. 또 다른 예수를 생산하기 위하여

"우리가 그를 전파하여 각 사람을 권하고 모든 지혜로 각 사람을 가르침은 각 사람을 그리스도 안에서 완전한 자로 세우려 함이니"(골 1:28)

제자훈련은 그리스도인이 복음 전도자로, 세상을 섬기는 헌신자로, 사랑의 치유자로 헌신하는 과정입니다. 또한 제자훈련은 예수님이 세상을 향해 가지셨던 계획을 자기의 것으로 받아들이도록 돕는 과정입니다. 그러므로 우리는 제자훈련을 통해 내 직업이 무엇이든, 내가 사는 환경이 어떠하든, 내가 머무는 그곳에서 하나님의 이름이 거룩히 여김을 받을 수 있고 하나님의 뜻이 이루어질 수 있도록 최선을 다하는 소명자가 되는 것입니다. 그리고 예수님 같은, 나와 같은 제자를 생산해 내는 과정입니다. 그러므로 우리는 이 과정을 성실하게 참여해서 좋은 제자가 되고, 좋은 제자를 만들도록 해야 하겠습니다.

[함께 나눔]

1. 누가 제자입니까?

2. 제자가 하는 일은 무엇입니까?

3. 어떻게 하면 좋은 제자가 될 수 있겠습니까?

[마치면서]

1. 중보기도, 찬송, 헌금, 주기도로 모임을 마칩니다.
   (순서를 바꾸거나 생략할 수 있습니다.)

2. 한 주간 제자도를 잘 행해 오세요(성경읽기, 전도활동, 기도, 기타.).

제2과
제자와 성령충만

[반갑습니다]

한 주간 주님을 섬긴 이야기와, 성령충만했던 경험이나, 은혜를 강하게 체험했던 경험을 나누어 봅시다.
(찬송과 기도로 시작할 수 있습니다.)

"그러므로 어리석은 자가 되지 말고 오직 주의 뜻이 무엇인가 이해하라. 술 취하지 말라, 이는 방탕한 것이니 오직 성령으로 충만함을 받으라."(엡 5:17-18)

복잡하고 험한 세상을 살다보면 가끔은 모르는 것이 약이 되는 경우가 있습니다. 그러나 성경이 가르치는 진리는 모르면 큰 낭패를 당하거나 심지어 지옥 길로 가는 수가 있습니다. 오랫동안 교회에 다니면서 예배도 드리고 기도도 부지런히 했는데 성령에 관한 이야기만 나오면 기겁을 하거나 반대로 지나치게 흥분함으로 성령에 대한 무지를 드러내는 분들이 많습니다.

진리를 아는 지식이 부족하여 예수를 믿으면서도 자신이 성령세례를 받았는지, 성령충만이 무엇인지 잘 모르는 신자들이 예상 외로 많은 것을 볼 수 있습니다. 그리고 그 중에는 성령세례와 성령충만을 혼동하여 이상한 소리를 하는가 하면, 성령을 일종의 체험으로만 이해하여 자기는 특별한 체험이 없으니 성령을 아직 받지 못하였다고 쑥스러워하는 사람도 있습니다. 이러한 현상은 성령에 대해 가르치는 하나님의 말씀을 잘 모르는 데서 오는 무지의 소치라고 해야 할 것입니다.

1. 성령세례

(1) 성령세례에 대한 성경의 가르침들

"요한은 물로 세례를 베풀었으나 너희는 몇 날이 못 되어 성령으로 세례를 받으리라 하셨느니라."(행 1:5)

예수님께서 우리에게 성령세례에 대한 중요한 진리를 가르쳐 주고 있습니다. 즉 성령세례와 물세례를 비교하심으로 성령세례에 관한 한 가지 진리를 제시합니다. 물세례를 두 번, 세 번 반복하여 받을 수 없는 것처럼 성령세례도 단 한 번 받는 것으로 족하다는 것입니다.

"우리가 유대인이나 헬라인이나 종이나 자유인이나 다 한 성령으로 세례를 받아 한 몸이 되었고 또 다 한 성령을 마시게 하셨느니라."(고전 12:13)

여러분들은 언제 성령세례를 받았습니까? 성령세례를 받았다는 것은 그리스도의 몸에 연합되었다는 것을 말합니다. 언제 그리스도의 몸이 되었습니까? 예수 믿을 때입니다. 성령세례는 예수를 믿은 다음에 특별하게 체험하는 무슨 경험이 아닙니다. 예수를 주님으로 고백한 대다수의 신자들은 무슨 특별한 세례 받은 체험을 하는 것이 아닙니다. 예수 믿은 후 신자들에게 임하는 특별한 체험은 성령충만과 관련이 있습니다.

"우리가 축복하는바 축복의 잔은 그리스도의 피에 참여함이 아니며 우리가 떼는 떡은 그리스도의 몸에 참여함이 아니냐 떡이 하나요 많은 우리가 한 몸이니 이는 우리가 다 한 떡에 참여함이라."(고전 10:16-17)

교회의 성찬식은 세례를 받은 신자들만이 참여하는 성례식입니다. 성찬식에 참여하는 사람들은 물세례를 받은 사람들입니다. 물세례는 예수 그리스도께 신앙을 확실하게 고백한 사람들에게 성령세례를 받았다는 표로 베푸는 예식입니다. 그러니까 물세례는 이미 성령 세례를 받은 사람에게 베푸는 교회의 확증인 것입니다. 마치 사랑하는 남녀는 결혼식 이전에 사실상의 결혼을 한 것이로되, 결혼식을 통해 두 사람의 결혼을 하나님과 만인 앞에 알리는 것과 일맥상통하는 것이지요. 그러므로 성도가 성찬식에 참여한다는 것은 자신이 예수 그리스도에게 연합되어 있다는 것이요, 성령으로 세례를 받았다는 것입니다. 따라서 교회를 떠나서는 성도의 구원은 보증되지 않는 것입니다.

(2) *성령세례를 받은 증거는 예수 믿음입니다.*

"그들이 이 말을 듣고 마음에 찔려 베드로와 다른 사도들에게 물어 이르되 형제들아 우리가 어찌할꼬 하거늘 베드로가 이르되 너희가 회개하여 각각 예수 그리스도의 이름으로 세례를 받고 죄 사함을 받으라 그리하면 성령의 선물을 받으리니 이 약속은 너희와 너희 자녀와 모든 먼 데 사람 곧 주 우리 하나님이 얼마든지 부르시는 자들에게 하신 것이라 하고 또 여러 말로 확증하며 권하여 이르되 너희가 이 패역한 세대에서 구원을 받으라 하니 그 말을 받은 사람들은 세례를 받으매 이 날에 신도의 수가 삼천이나 더하더라."(행 2:37-41)

베드로가 오순절날 행한 설교를 통해 성령세례에 대해 알아봅시다. 사람이 성령을 받기 위해서는 반드시 회개해야 합니다. 회개한다는 것은 하나님을 섬기지 않고 내가 주인이 되어 살아온 그동안의 삶을 마감하고 이제부터 예수를 주(主)로 모시고 살겠다는 결단입니다. 회개한 사람은 죄 사함을 받고 성령을 받습니다.

"그러므로 내가 너희에게 알리노니 하나님의 영으로 말하는 자는 누구든지 예수를 저주할 자라 하지 아니하고 또 성령으로 아니하고는 누구든지 예수를 주시라 할 수 없느니라."(고전 12:3)

성령을 받았다는 주요한 증거는 예수 그리스도를 주(主)로 고백한다는 데 있습니다. 초대 교회 당시 로마 황제는 망령되게도 자신을 하나님만이 주장할 수 있는 주(主)로 주장했고, 자기를 주로 섬기지 않으면 국법에 따라 처형했습니다. 따라서 그 당시에 예수를 주로 고백한 사람들은 죽음을 각오했습니다. 죽음을 각오하고도 예수를 주로 고백한다는 것은 사람으로는 할 수 없는 일입니다. 성령을 받아야만, 성령님의 능력에 의해서만 할 수 있는 일입니다. 여러분들이 초대교회의 성도들처럼 내 모든 것을 다 포기할 각오를 하면서도 예수를 주인으로 모시겠다는 것이야말로 성령을 받은 가장 확실한 증거입니다.

2. 성령충만

"그러므로 어리석은 자가 되지 말고 오직 주의 뜻이 무엇인가 이해하라. 술 취하지 말라, 이는 방탕한 것이니 오직 성령으로 충만함을 받으라."(엡 5:17-18)

(1) 성령충만

'성령충만'이라는 용어를 잘못 이해하는 신자들이 많습니다.

많은 신자들이 충만(充滿)이라는 한자어의 뜻을 따라 성령이 양적으로 가득 채워진 상태를 의미하는 것으로 오해를 합니다. 이런 오해 때문에 어떤 사람에게는 성령이 많고, 어떤 사람에게는 성령이 조금 있는 것으로 오해를 합니다. 성령충만은 성령이 얼마만큼 있느냐의 양적인 문제가 아닙니다. 성령충만은 성령의 지배를 받는 삶을 말합니다. 성령을 받지 않는 불신자들은 공중권세 잡은 자의 지배를 받고 살아가기 때문에 엄밀히 말해 악한 영으로 충만한 것입니다.[1]

(2) 성령충만의 경우들

"그들이 다 성령의 충만함을 받고 성령이 말하게 하심을 따라 다른 언어들로 말하기를 시작 하니라."(행 2:4)

성령은 인격을 가지진 하나님이십니다. 성령님이 시키는 대로 하는 것이 성령충만입니다. 사도행전 2장의 핵심은 방언을 받았다는 것이 아니라 성령께서 방언 하도록 하셨고, 거기 모인 제자들은 성령께 순종하여 방언을 했다는 것입니다. 그들은 성령이 시키는 대로 했습니다. 성령께서 명하는 대로 하는 것이 성령충만입니다.

---

1. 에베소서 2:2-3 "그 때에 너희는 그 가운데서 행하여 이 세상 풍조를 따르고 공중의 권세 잡은 자를 따랐으니 곧 지금 불순종의 아들들 가운데서 역사하는 영이라 전에는 우리도 다 그 가운데서 우리 육체의 욕심을 따라 지내며 육체와 마음의 원하는 것을 하여 다른 이들과 같이 본질상 진노의 자녀이었더니"

"빌기를 다하매 모인 곳이 진동하더니 무리가 다 성령이 충만하여 담대히 하나님의 말씀을 전하니라."(행 4:31)

초대 교회가 복음을 전하자 엄청난 핍박이 시작되었습니다. 겁에 질린 성도들이 주춤하기 시작했습니다. 위기에 처한 교회는 기도하기 시작했습니다. 성도들의 기도에 따라 하나님께서는 사람으로는 할 수 없는 위기 상황에서 복음을 전할 수 있도록 역사하셨습니다. 성령께서 복음을 전하도록 인도하시자 제자들은 비로소 담대히 복음을 전할 수 있었던 것입니다. 성령께서 인도하심에 복종하는 삶, 그것이 성령충만입니다.

"형제들아 너희 가운데서 성령과 지혜가 충만하여 칭찬 받는 사람 일곱을 택하라. 우리가 이 일을 그들에게 맡기고"(행 6:3)

초대 교회가 처음으로 집사를 세우는 일은 참으로 중요한 일이었습니다. 그런데 가만히 보니 교회 안에 참으로 자기를 포기하고 하나님께 철저히 순종하는 사람들이 있었습니다. 하나님께 순종한다는 것은 성령님의 인도에 순종하는 것을 말합니다. 성도들도 이미 그들이 누군지를 잘 알았습니다. 성도들은 오직 성령의 지시에 따라 교회를 섬길 사람 일곱을 택했던 것입니다.

"스데반이 성령충만하여 하늘을 우러러 주목하여 하나님의 영광과 및 예수께서 하나님 우편에 서신 것을 보고"(행 7:55)

유대인들 앞에서 예수를 전한다는 것은 사람의 힘으로는 불가능한 일이었습니다. 돌로 맞아 죽어야 했으니까요. 그러나 유대인들이야말로 그들이 죽인 예수가 그들의 메시아라는 진리를 알지 않으면 안 되었습니다. 더구나 복음은 유대로부터 시작하여 땅 끝까지 전파되어야 했던 것입니다. 그래서 하나님께서는 스데반 집사에게 복음을 전하도록 성령으로 지배하셨고, 스데반은 성령충만하여 순교하면서까지 예수를 전했던 것입니다.

"주를 섬겨 금식할 때에 성령이 이르시되 내가 불러 시키는 일을 위하여 바나바와 사울을 따로 세우라 하시니"(행 13:2)

예수 그리스도의 교회를 이방에 세우기 위해 부름 받은 바울의 사역은 성령충만과 밀접한 관계가 있습니다. 안디옥 교회의 선지자들에게 바울을 이방에 교회를 세우기 위한 선교사로 세우도록 지시하신 분이 성령이셨습니다. 바울은 성령의 지시하심에 의해 선교사로 파송을 받았습니다.[2] 바울은 성령의 인도하심으로 하나님의 교회를 이방에 세우는 사역을 하였습니다. 이 모든 것이 성령충만함으로 가능했습니다.

(3) *성령충만은 성령의 인도에 순종하는 것입니다.*

"너희도 알거니와 너희가 이방인으로 있을 때에 말 못하는 우상에

---

2. 사도행전 13:4 "두 사람이 성령의 보내심을 받아 실루기아에 내려가 거기서 배 타고 구브로에 가서"

게로 끄는 그대로 끌려갔느니라 그러므로 내가 너희에게 알리노니 하나님의 영으로 말하는 자는 누구든지 예수를 저주할 자라 하지 아니하고 또 성령으로 아니하고는 누구든지 예수를 주시라 할 수 없느니라."
(고전 12:2-3)

위의 여러 경우들로 살펴보면 성령충만은 성령의 지배를 받는 삶이라고 할 수 있습니다. 성령의 인도를 따르는 것이 곧 성령충만입니다. 고린도전서 12장 2-3절에 의하면 성령의 인도는 세상의 영들에 의해 우상들에게 끌려가는 것과 대비되어 있습니다. 스스로 우상에게 나아간 것이 아니고, 죄와 악령들에 의해 우상들에게 인도되었던 것입니다. 사람들이 주 예수께 인도되는 것도 성령에 의한 것입니다(고전 12:3). 성령의 인도에 의해서만 예수를 주라 할 수 있는 것입니다. 성령의 인도를 받아야만 하나님을 아버지라 부르게 됩니다.[3]

(4) 성령충만을 명령하심

"그러므로 어리석은 자가 되지 말고 오직 주의 뜻이 무엇인가 이해하라. 술 취하지 말라. 이는 방탕한 것이니 오직 성령으로 충만함을 받으라."(엡 5:17-18)

주님께서는 성령충만을 명하셨습니다. 왜냐 하면 성령충만해야 세상을 이기고 하나님의 뜻을 따라 살 수 있기 때문입니다. 성

---

[3]. 로마서 8:14-15 "무릇 하나님의 영으로 인도함을 받는 사람은 곧 하나님의 아들이라 너희는 다시 무서워하는 종의 영을 받지 아니하고 양자의 영을 받았으므로 우리가 아빠 아버지라고 부르짖느니라."

도는 주님의 명에 따라 성령충만해야 합니다. 즉 성령의 지배하심을 받아야합니다. 하나님의 명령이시기 때문에 우리는 순종해야 합니다.

(5) 성령충만하기 위해

① 말씀 충만

"빌기를 다하매 모인 곳이 진동하더니 무리가 다 성령이 충만하여 담대히 하나님의 말씀을 전하니라."(행 4:31)

성령충만은 말씀 충만입니다. 그러니 성령충만 하려면 말씀으로 충만해야 합니다. 성경공부, 성경읽기를 부지런히 해야 합니다. 말씀을 사모하는 사람이 성령충만한 사람이요, 말씀을 따라 순종하며 사는 사람이 성령충만한 사람입니다.

② 기도 충만

"빌기를 다하매 모인 곳이 진동하더니 무리가 다 성령이 충만하여 담대히 하나님의 말씀을 전하니라."(행 4:31)

기도할 때 성령충만합니다. 왜냐 하면 기도란 본질적으로 스스로의 의지와 능력을 포기하고 자신을 하나님께 맡기는 것이기 때문입니다. 늘 기도하는 사람은 늘 성령충만한 사람입니다. 그러니 항상 기도해야 하는 것입니다.

③ 믿음 충만

"바나바는 착한 사람이요 성령과 믿음이 충만한 사람이라 이에 큰 무리가 주께 더하여지더라."(행 11:24)

성령충만한 사람은 믿음이 충만한 사람입니다. 믿음은 하나님에 대한 전적인 신뢰입니다. 자신을 의지하지 않고 하나님을 의지하는 것이 믿음입니다. 범사에 하나님과 동행하는 사람입니다. 이런 사람은 세상을 사람의 눈으로 보는 것이 아니라 하나님의 눈으로 보는 사람입니다.

④ 사랑 충만

"이 모든 것 위에 사랑을 더하라. 이는 온전하게 매는 띠니라."(골 3:14)

성령충만한 사람은 사랑이 충만한 사람입니다. 우리 하나님은 사랑이시요, 우리 주 예수님께서 우리를 구원하심은 지극한 사랑입니다. 어느 누구도, 그 무엇도 우리의 사랑을 막을 수 없듯이 성령충만을 막을 수 없습니다. 참으로 성령충만은 사랑의 능력입니다.

3. 성령의 기름 부음

"너희는 거룩하신 자에게서 기름 부음을 받고 모든 것을 아느니라." (요일 2:20)

(1) 기름 부음

기름 부음에 대한 원어의 뜻을 살펴보겠습니다. 헬라어 크리스마(Χρισμα)는 '기름을 바른다, 기름을 붓는다, 성령의 공급'이라는 의미입니다. 이 단어에서 그리스도(Χριστος)라는 말이 나왔습니다. 예수님을 그리스도라고 하는데, 기름 부음을 받은 분이라는 의미입니다. 성경에 나오는 기름은 향유입니다. 그래서 기름을 붓는다는 것은 향수를 뿌린다는 것으로 이해하는 것이 좋겠습니다. 그러면 어떤 사람에게 기름을 부었을까요? 하나님은 하나님의 일을 하기 위해 특별한 직분을 정하셨고, 그 직분을 맡을 사람들에게 기름을 부었습니다.

(2) 구약에 나타난 기름 부음

구약시대에는 하나님께서 특정한 사명을 받은, 특정 인물들에게 기름을 부었습니다. 기름 부음은 하나님의 신, 성령의 임재를 상징하는 것이었습니다.

① 제사장을 세울 때 기름을 부었습니다.

"너는 그것들로 네 형 아론과 그와 함께 한 그의 아들들에게 입히고 그들에게 기름을 부어 위임하고 거룩하게 하여 그들이 제사장 직분을 내게 행하게 할지며"(출 28:41)

② 왕을 세울 때 기름을 부었습니다.

"이에 사무엘이 기름병을 가져다가 사울의 머리에 붓고 입 맞추며 이르되 여호와께서 네게 기름을 부으사 그의 기업의 지도자로 삼지 아니하셨느냐"(삼상 10:1)

③ 선지자를 세울 때 기름을 부었습니다.

"너는 또 님시의 아들 예후에게 기름을 부어 이스라엘의 왕이 되게 하고 또 아벨므홀라 사밧의 아들 엘리사에게 기름을 부어 너를 대신하여 선지자가 되게 하라."(왕상 19:16)

④ 특별한 사명을 위해 기름을 부었습니다.

"브살렐과 오홀리압과 및 마음이 지혜로운 사람 곧 여호와께서 지혜와 총명을 부으사 성소에 쓸 모든 일을 할 줄 알게 하신 자들은 모두 여호와께서 명령하신 대로 할 것이니라."(출 36:1)

⑤ 모든 성도에게 기름 부음이 약속되었습니다.

"그 후에 내가 내 영을 만민에게 부어 주리니 너희 자녀들이 장래 일을 말할 것이며 너희 늙은이는 꿈을 꾸며 너희 젊은이는 이상을 볼 것이며"(욜 2:28)

구약시대에 특정인에게 임한 성령의 기름 부음이 신약시대, 말세, 메시아(그리스도)가 오시면 모든 성도에게 기름 부음이 임할 것이 예언되었습니다.

(3) 신약에 나타난 기름 부음

구약시대에 예언된 모든 성도에게 임할 기름 부음이 예수님의 오심으로 이루어졌습니다. 성령의 기름 부음은 믿는 자에게 임할 성령을 상징하고, 직분을 맡은 자가 직분을 잘 감당할 수 있도록 그에 필요한 능력 주심에 대한 상징입니다.

① 주님께 임한 기름 부으심

"예수께서 세례를 받으시고 곧 물에서 올라오실 새 하늘이 열리고 하나님의 성령이 비둘기 같이 내려 자기 위에 임하심을 보시더니"(마 3:16)

모든 성도에게 임할 성령의 기름 부음은 주님으로부터 시작됩니다. 주님의 사역은 성령의 기름 부음으로 시작합니다. 주께서 요단강에서 물 부으심(세례)을 받으실 때, 성령의 기름 부으심(성령이 비둘기 같이)이 임합니다.

② 예언이 이루어짐

"하나님이 말씀하시기를 말세에 내가 내 영을 모든 육체에 부어 주리니 너희의 자녀들은 예언할 것이요 너희의 젊은이들은 환상을 보고 너희의 늙은이들은 꿈을 꾸리라."(행 2:17-18)

오순절 날, 주님의 약속한 것(성령)을 기다리던 모든 성도들에게 성령이 임했습니다.

③ 모든 성도에게 인한 기름 부음

"너희는 주께 받은바 기름 부음이 너희 안에 거하나니 아무도 너희를 가르칠 필요가 없고 오직 그의 기름 부음이 모든 것을 너희에게 가르치며 또 참되고 거짓이 없으니 너희를 가르치신 그대로 주 안에 거하라."(요일 2:27)

구약의 예언과, 주님께서 약속하신 기름 부음은 우리 모든 성도에게 임하여 있습니다.

(4) 기름 부음의 목적

성도에게 기름을 붓는 목적은 성도에게 주시는 축복입니다. 그리고 직분에 대한 확증, 직분을 잘 감당하라는 권능을 주시기 위함입니다. 따라서 기름 부음은 직분을 받은 사람에게 주어지는 특권입니다.

① 기름 부음은 해방입니다.

"주의 성령이 내게 임하셨으니 이는 가난한 자에게 복음을 전하게 하시려고 내게 기름을 부으시고 나를 보내사 포로 된 자에게 자유를, 눈 먼 자에게 다시 보게 함을 전파하며 눌린 자를 자유롭게 하고"(눅 4:18)

기름 부음으로 복음전도, 포로된 자가 자유를, 눈먼 자가 다시 보고, 눌린 자가 자유롭게 됩니다.

② 기름 부음은 선교입니다.

"오직 성령이 너희에게 임하시면 너희가 권능을 받고 예루살렘과 온 유대와 사마리아와 땅 끝까지 이르러 내 증인이 되리라 하시니라."(행 1:8)

성령의 기름 부음을 받는 사람들은 전도, 선교에 헌신합니다. 모든 성도는 기름 부음을 받았습니다. 모든 성도는 전도와 선교의 헌신자들입니다.

③ 지속적인 기름 부음으로 됩니다

"그가 내게 대답하여 이르되 여호와께서 스룹바벨에게 하신 말씀이 이러하니라 만군의 여호와께서 말씀하시되 이는 힘으로 되지 아니하며 능력으로 되지 아니하고 오직 나의 영으로 되느니라."(슥 4:6)

사역을 위해 지속적으로 기름 부음을 받아야 합니다. 치유, 해방, 봉사, 전도와 선교는 오직 성령의 지속적인 기름 부음으로 이루어집니다.

(5) 기름 부음은 예수 그리스도의 사역을 계승합니다.

예수 그리스도는 기름 부음을 받은 자(그리스도)이시고, 우리 성도들도 기름 부음을 받은 자(그리스도인)입니다. 그러므로 성도는 예수 그리스도의 사역을 계승하는 위대한 자들입니다. 1세기가 성령의 기름 부음을 받은 자들이 이끌어 가는 활동무대였던 것처럼, 21세기도 성령의 기름 부음 받은 자들이 주도하는 세상입니다.

(6) 기름 부음의 축복과 순종

기름 부음은 기름 부음을 받은 교회와 개인에게는 축복을 주시기 위함입니다. 그 축복을 통해 세상을 축복하기 위함입니다. 세상을 하나님 나라로 만들이 위함입니다. 그런데 기름 부음의 축복은 철저히 순종을 통해 나타납니다. 사울은 불순종해서 기름 부음이 사라졌고, 다윗은 순종해서 기름 부음이 넘쳤습니다. 예수 그리스도의 제자들이 주님 말씀에 순종하여 복음을 들고 나아갈 때, 제자들에게 기름 부음이 넘쳤고, 그 흘러 넘친 기름 부음이 세상을 구원했고, 그 구원의 은총이 오늘 우리에게 계승되었으며, 이제 우리가 순종함으로 그 일을 해야 합니다.

[함께 나눔]

1. 성령세례 받으셨습니까? 그 증거는 무엇입니까?

2. 성령충만이란 무엇입니까?

3. 어떻게 하면 성령충만할 수 있습니까?

4. 기름 부음이 무엇입니까?

5. 기름 부음의 축복을 받으려면 어떻게 해야 합니까?

[마치면서]

1. 중보기도, 찬송, 헌금, 주기도로 모임을 마칩니다.
   (순서를 바꾸거나 생략할 수 있습니다.)

2. 한 주간 제자도를 잘 행해 오세요(성경읽기, 전도활동, 기도, 기타.).

제3과
제자와 성령의 은사

[반갑습니다]

한 주간 이웃을 섬긴 것이나, 섬김 받은 것을 이야기 하고, 내가 가장 잘하는 것이 무엇인지를 함께 나누어 봅시다.
(찬송과 기도로 시작할 수 있습니다.)

"우리에게 주신 은혜대로 받은 은사가 각각 다르니 혹 예언이면 믿음의 분수대로, 혹 섬기는 일이면 섬기는 일로, 혹 가르치는 자면 가르치는 일로, 혹 위로하는 자면 위로하는 일로, 구제하는 자는 성실함으로, 다스리는 자는 부지런함으로, 긍휼을 베푸는 자는 즐거움으로 할 것이니라."(롬 12:6-8)

'은사'(恩賜)라는 한어는 '임금님이 하사한 선물'이라는 의미입니다. 성령의 은사를 헬라어로는 카리스마타(Χαςισματα)라고 하는데, 교회의 유익을 위해 하나님께서 성도들에게 주시는 영적 선물을 말합니다. 성령의 은사의 근원은 당연히 성령 하나님이시며, 이 성령의 은사는 특별한 사람에게만 주는 것이 아니라 예수 믿는 모든 성도들에게 고루 나누어 주시는 하나님의 선물입니다.

1. 하나님께 받은 은사

(1) 성도들에게 있는 성령의 은사

"나는 모든 사람이 나와 같기를 원하노라 그러나 각각 하나님께 받은 자기의 은사가 있으니 이 사람은 이러하고 저 사람은 저러하니라." (고전 7:7)

모든 성도들은 성령을 선물로 받았습니다. 성령을 받은 모든 성도들은 성령의 은사도 함께 받았습니다. 성도들 각 사람은 성령의 은사를 소유했다는 분명한 사실을 알아야 합니다. 성령의 은사가 없이는 어느 누구도 그리스도의 몸 된 교회에 소속될 수가 없습니다. 즉 구원받은 성도는 누구를 막론하고 성령의 은사를 받았다는 사실입니다.[4]

---

[4]. 고린도전서 12:10-11 "어떤 사람에게는 능력 행함을, 어떤 사람에게는 예언함을, 어떤 사람에게는 영들 분별함을, 다른 사람에게는 각종 방언 말함을, 어떤 사람에게는 방언들 통역함을 주시나니 이 모든 일은 같은 한 성령이 행하사 그의 뜻대로 각 사람에게 나누어 주시는 것이니라."

(2) 성령의 은사와 자연적 재능

성령의 은사는 성령께서 주신 것이기 때문에 자연적 재능과는 구별됩니다. 물론 모든 사람에게 있는 자연적 재능도 하나님께서 주신 것이지만 성령의 은사는 성도에게만 주시는 특별한 선물입니다. 자연적 재능과 성령의 은사가 동일한 경우도 있고, 자연적 은사와 성령의 은사가 전혀 다른 경우도 있습니다. 예를 들면 노래에 자연적 재능이 있는 사람이 예수 믿고 찬송의 은사를 받은 경우는 자연적 재능과 성령의 은사가 일치하는 경우입니다.

2. 은사를 주신 목적

"은사는 여러 가지나 성령은 같고 직분은 여러 가지나 주는 같으며 또 사역은 여러 가지나 모든 것을 모든 사람 가운데서 이루시는 하나님은 같으니 각 사람에게 성령을 나타내심은 유익하게 하려 하심이라." (고전 12:4-7)

성령님께서 성도들에게 성령의 은사의 은사를 주신 목적은 근본적으로 교회를 세우는 데 있습니다. 은사는 자신을 위해 있지 않고 교회의 성도들을 섬기기 위해 있습니다. 자기가 속한 교회가 그리스도의 장성한 분량에 이르도록 자라감에 있어서 자기가 섬길 수 있는 분야가 발견된다면 바로 그것이 자기에게 주어진 성령의 은사인 것으로 발견할 수 있어야 합니다. 성령께서는 이런 식으로 성도들 각자에게 봉사의 영역을 알게 하셔서 성도로 하여금 교회를 위한 섬김의 도리를 다하게 하십니다.

3. 성령의 은사를 발견함의 중요성

"은사는 여러 가지나 성령은 같고 … 또 사역은 여러 가지나 모든 것을 모든 사람 가운데서 이루시는 하나님은 같으니"(고전 12:4,6)

성령의 은사에는 여러 가지가 있습니다. 그런데 성도들은 나에게 주어진 은사가 무엇인지 발견해야 합니다. 또한 그 은사를 사용해야 하며, 발전시켜 나갈 때 교회의 사역을 감당할 수 있습니다. 성도들이 주님 주신 성령의 은사로 교회를 섬길 때 주님께서는 새로운 은사를 더하여 주십니다. 성도들은 반드시 자신의 은사가 무엇인지를 찾아야 합니다. 구원받은 성도는 반드시 성령의 은사로 교회를 섬김을 통해 자신의 구원을 증명합니다.

4. 은사를 발견하는 과정

교회는 성도들 각인에게 봉사할 기회를 주며, 성도들은 이에 순종함으로 자신의 은사를 발견할 수 있습니다. 교회는 성도들에게 교제의 기회를 제공하며(각 기관, 기도회 등 교회와 관련된 모든 교제의 영역을 말합니다.), 성도들은 교제를 통해 자신의 은사를 발견하는 기회를 접하게 됩니다. 교회에서 교제를 소홀히 하거나, 봉사를 하지 않으면 영영 은사를 발견하지 못합니다.

성도들은 은사를 찾기 위해 기도하며 은사에 대해 배워야 합니다. 자기의 은사를 확인하는 가장 확실한 방법은 자신이 하는 일에 스스로가 보람을 느끼고, 교회에 유익이 되며, 사람들이 그 일을 통해 위로와 평화를 받고 있는가의 여부입니다.

만일 지도자나, 다른 성도들이 자신의 은사를 확인해 주는 것과 위의 사항들이 일치된다면 그것이 자신의 은사라고 해도 무방할 것입니다. 은사는 사람마다 다르고, 사람에 따라 은사가 한두 가지인 경우도 있고, 여러 가지인 경우도 있다는 것도 알고 있어야 합니다.

5. 은사의 종류

"어떤 사람에게는 성령으로 말미암아 지혜의 말씀을, 어떤 사람에게는 같은 성령을 따라 지식의 말씀을, 다른 사람에게는 같은 성령으로 믿음을, 어떤 사람에게는 한 성령으로 병 고치는 은사를, 어떤 사람에게는 능력 행함을, 어떤 사람에게는 예언함을, 어떤 사람에게는 영들 분별함을, 다른 사람에게는 각종 방언 말함을, 어떤 사람에게는 방언들 통역함을 주시나니"(고전 12:8-10)

은사에는 여러 종류가 있습니다. 따라서 성도들은 자신의 은사가 무엇인지를 바로 아는 것이 중요합니다. 은사가 여러 가지인 경우도 있을 것이나 은사가 무엇인지 잘 구별이 가지 않는 경우도 있을 것이기 때문에 주의 깊이 살펴보아야 합니다. 성경에는 다음의 은사가 기록되어 있습니다.

1. 예언 2. 섬김 3. 가르침 4. 권위(권면) 5. 구제 6. 다스림 7. 긍휼 8. 손대접 9. 지혜의 말씀 10. 지식의 말씀 11. 믿음 12. 병 고침 13. 능력 14. 영 분별 15. 방언 16. 방언 통역 17. 사도 18. 서로 돕는 것 19. 행정 20. 독신 21. 전도자 22. 목사, 교사 23. 자원하여 궁핍하게 됨 24. 순교 25. 선교사 26. 중보기도 27. 축귀

위에 언급한 27종류의 은사에 대해서는 학자들에 따라 약간씩 의견을 달리하기도 하지만 대동소이하기 때문에 큰 차이는 없을 것입니다. 이 중 나에게 주어진 은사는 어떤 것인지를 잘 파악하는 것이 중요할 것입니다. 은사의 종류에 대한 설명은 뒷부분을 참고하시기 바랍니다.

6. 은사에 대한 유형별 해설

1) 예언의 은사 : 로마서 12:6. 미래와 현재에 필요한 하나님의

말씀을 전하는 것으로 예언의 최종 권위는 성경말씀 아래 두어야 한다(사도행전 21: 9절, 빌립의 딸들).

2) 섬기는 은사 : 로마서 12:7. 보이지 않는 곳에서 실제적으로 돕는 것을 말한다(로마서 16:1, 뵈뵈).

3) 가르치는 은사 : 로마서 12:7. 신앙적 내용을 명확하게 전달하여 축복을 끼쳐주는 일이다(사도행전 18:26, 브리스길라와 아굴라).

4) 권위하는 은사(권면) : 로마서 12:8. 위로와 권유의 말로 성도들에게 도움이 되어 주는 것이다(사도행전 15:39, 바나바).

5) 구제하는 은사 : 로마서 12:8. 자기 소유물이나 금전을 주님의 사역을 위해 바치는 것을 말한다(빌립보서 4:10-16, 빌립보 교인들).

6) 지도력 : 로마서 12:8. 하나님의 뜻에 맞게 목표를 세우고 그 내용을 회중들에게 효과적으로 전달하여 목표를 달성하게 하는 능력이다(요셉, 다니엘).

7) 긍휼 : 로마서 12:8. 육체적·정신적 문제로 고통을 당하는 자에게 기쁨으로 봉사하고 돕는다(누가복음 10:25-37, 선한 사마리아인).

8) 손 대접 : 로마서 12:13. 가정을 개방하고 그리스도인들을 도우며 따뜻한 사랑으로 환대하는 것이다(요삼1, 가이오).

9) 지혜의 은사 : 고린도전도 12:8. 하나님의 지혜를 특별히 알아

서 지체들에게 주는 은사이다(야고보서 3:13-18, 지혜의 범위).

10) 지식의 은사 : 고린도전서 12:8. 성도들에게 필요한 지식을 주어 의문을 풀어 주는 은사이며 이 은사는 겸손하게 사용해야 한다(교사, 상담자, 설교자.).

11) 믿음의 은사 : 고린도전서 12:9. 환경과 육신의 정욕에 의하여 흔들리지 않고 믿음으로 굳게 사는 것이다.(여호수아, 갈렙, 모세, 조지 뮬러.).

12) 병 고치는 은사 : 고린도전서 12:9. 의술의 힘을 빌리지 않고 하나님의 능력으로 병을 고치는 은사를 말한다(현대는 병원이 많으므로 이 은사가 줄어듦.).

13) 능력 행함 : 고린도전서 12:10. 초자연적 사역을 함으로 하나님의 역사하심과 영광을 나타내는 것이다(엘리사, 엘리야, 바울 사도.).

14) 영 분별 : 고린도전서 12:10. 어떤 일이 하나님으로부터 온 것인가, 사탄이나 인간으로부터 나온 것인가 분별하는 은사이다(사도행전 16:16-19, 바울사도.).

15) 방언 : 고린도전서 12:10. 배운 일이 없이 하나님이 정하신 언어를 통해 직접 말하는 은사이다(고린도 교인들).

16) 방언 통역 : 고린도전서 12:10. 방언을 통해 하나님께서 말씀하신 내용을 알아들을 수 있는 말로 통역하는 것을 말한다.

17) 사도 : 고린도전서 12:28. 성령으로 말씀을 받아 기록하고 초대교회를 세우는 데 큰 역할을 한 은사이며 지금은 사라졌다고 본다.

18) 서로 돕는 것 : 고린도전서 12:28. 자신들이 가지고 있는 재능으로 다른 사람이 하나님께 쓰임 받도록 돕는 은사이다(바나바, 교회학교 총무, 선교회 총무.).

19) 행정 : 고린도전서 12:28. 행정적으로 교회를 잘 운영한다. 목표 달성을 위해 효과적인 계획을 세우고 실행한다(각 기관장, 부목사.).

20) 독신의 은사 : 고린도전서 7:7,8. 독신 생활을 아무런 지장 없이 할 수 있고 하나님의 일을 위해 이성의 유혹을 이겨낼 수 있는 자이다.

21) 전도자 : 에베소서 4:11. 영혼을 뜨겁게 사랑하는 마음을 가지고 복음을 전하는 자이다(디모데, 빌립 집사.).

22) 목사, 교사 : 에베소서 4:11. 하나님의 양무리를 치는 은사를 가진 자들에게 주어진 은사이다(에바브로 디도, 디모데, 목사, 장로.).

23) 자원하여 궁핍하게 됨 : 사도행전 16:33,34. 하나님을 더욱 잘 섬기고자 물질을 포기하고 어려움 당하는 사람들과 같이 삶을 살아가는 자이다.

24) 순교 : 고린도전서 13:13. 믿음을 지키기 위해 고난을 당하고 죽는 것을 말한다(스데반, 폴리캅.).

25) 선교사 : 고린도전서 9:9-23. 외국인에게 복음을 전하는 것이다.

26) 중보기도 : 야고보서 5:14-16. 내 개인의 기도보다도 교회와 공동의 기도제목을 가지고 간구하는 은사이다.

27) 귀신을 쫓아내는 은사 : 사도행전 16:18. 성령의 능력을 힘입어 말씀으로 귀신을 쫓아내는 능력이다(바울).

[함께 나눔]

1. 자연적 재능과 성령의 은사의 차이는 무엇입니까?

2. 자신의 자연적 재능은 무엇이라고 생각하는지 이야기를 나누어 봅시다.

3. 은사는 왜 주십니까?

4. 당신의 은사는 무엇입니까? 세 가지 정도 써 보세요.

①

②

③

5. 당신이 받은 은사를 어떻게 사용하고 싶은지 이야기를 나누어 봅시다.

[마치면서]

1. 중보기도, 찬송, 헌금, 주기도로 모임을 마칩니다.
   (순서를 바꾸거나 생략할 수 있습니다.)

2. 한 주간 제자도를 잘 행해 오세요(성경읽기, 전도활동, 기도, 기타).

은사확인을 위한 실습

은사목록	자기평가	리더평가	담임목사	총 점
예 언				
섬기는 일				
가르치는 일				
권 면				
구제 (헌금)				
다 스 림				
긍 휼				
지 혜				
지 식				
믿 음				
병 고 침				
기 적				
영 분 별				
방 언				
방언 통역				
사 도				
서로 돕는 일				
행 정				
복음전도자				
목사, 교사				
독 신				
궁핍하게 됨				
순 교				
손 대 접				
선 교 사				
중보기도				
축 귀				

평가방법: 본인, 리더, 목회자가 각각 0-10을 기준으로 점수를 매깁니다. 총점 중 가장 많은 점수가 자신의 주요 은사입니다. 그러나 이것은 참고 사항일 뿐 절대적 표준은 아니며 이 점수는 교회 봉사의 정도, 시간의 경과에 따라 변화될 수 있습니다.

제4과
성령의 열매

[반갑습니다]

한 주간 자신의 은사를 활용한 경험을 이야기하고, 내 인생에서 거두고 싶은 열매(결과)를 함께 나누어봅시다.
(찬송과 기도로 시작할 수 있습니다.)

"오직 성령의 열매는 사랑과 희락과 화평과 오래 참음과 자비와 양선과 충성과 온유와 절제니 이 같은 것을 금지할 법이 없느니라."(갈 4:22-23)

"너희가 열매를 많이 맺으면 내 아버지께서 영광을 받으실 것이요 너희는 내 제자가 되리라."(요15:8)

우리를 향한 하나님의 관심은 열매입니다. 주님께서는 하나님 아버지의 가장 큰 관심이 열매인 것을 누구보다 깊이 알고 계십니다. 아버지께 영광 돌리시기 위해 십자가의 길도 마다 않고 기꺼이 가셨던 주님이 이제 우리에게 과실을 많이 맺어 아버지께 영광 돌리는 삶을 살기를 당부하고 계십니다. 이런 사람이 주님을 닮은 그의 제자가 될 것이라고 하셨습니다.

1. 사랑

"네 마음을 다하고 목숨을 다하고 뜻을 다하여 주 너의 하나님을 사랑하라 하셨으니 이것이 크고 첫째 되는 계명이요 둘째는 그와 같으니 네 이웃을 네 자신과 같이 사랑하라 하셨으니 이 두 계명이 온 율법과 선지자의 강령이니라."(마 22:37-40)

'사랑'은 성령의 은사이기도 하며 열매입니다. 사랑은 모든 계명의 완성이요 요약입니다. 성령으로 말미암는 사랑은 사람들을 향하여 보여 주신 그리스도의 사랑입니다. 인류 역사상 가장 위대한 사랑을 실천한 분은 예수님입니다. 사랑은 감정을 넘어서서, 실천입니다. 어떻게 하면 사랑의 열매를 풍성하게 맺을 수 있을까를 잠시 이야기해 봅시다.

2. 희락(기쁨)

"이것을 너희에게 이름은 내 기쁨이 너희 안에 있어 너희 기쁨을 충만하게 하려 함이니라."(요 15:11)

성령의 열매로서 '희락'은 '항상 기뻐하는'(살전 5:16) 마음이요 상태입니다. 이것이 그리스도 안에서 성령에 속한 사람을 향하신 하나님의 뜻입니다(살전 5:18). 슬픔과 괴로움 가운데 있는 사람은 아무리 기뻐하고 싶어도 그 자신의 의지로는 기뻐할 수가 없습니다. 자신의 의지와 노력으로 얻을 수 없는 희락을 성령은 주실 수 있습니다. 멀리 보이는 소망으로 말미암아 그 마음에 기쁨이 생깁니다. 불평보다는 감사고, 현재 가지고 있는 것으로 이웃을 섬기며, 하나님과 인격적인 관계를 맺으십시오. "주의 앞에는 충만한 기쁨이 있고 주의 오른쪽에는 영원한 즐거움이 있나이다."(시 16:11).

3. 화평(평화)

"평안을 너희에게 끼치노니 곧 나의 평안을 너희에게 주노라. 내가 너희에게 주는 것은 세상이 주는 것과 같지 아니하니라."(요 14:27)

성령의 열매로서 '화평'은 지속적이고 동요가 없는 잔잔한 평온의 상태입니다. 염려나 고통으로부터 자유로운 상태입니다. 세상을 사는 사람에게 염려와 고통이 없겠습니까? 그러나 성령의 화평이 믿는 사람에게 주어질 때 그는 염려와 고통 가운데서도 화평을 누릴 수 있습니다. 염려와 고통은 잠깐이요 화평은 지속적입니다. 성도는 이웃과 화평하고(롬 12:18), 자신과 화평하며(골 3:15), 하나님과 화평해야 합니다(롬 5:1)

4. 오래 참음(인내)

"저가 이 같이 오래 참아 약속을 받았느니라."(히 6:15)

'오래 참음'은 먼저 믿음을 지키는 것입니다. 믿음을 끝까지 견고하게 지키는 것이 참으로 어려운 일입니다. 중간 중간에 포기하고 싶은 생각이 들 때가 있습니다. 그리고 다른 사람들과 마찬가지로 세상 쾌락에도 빠져보고도 싶습니다. 그러나 오래 참음이 이러한 유혹을 견디게 합니다. 열매는 오래 참음으로 결실합니다. 추수는 때가 되어야만 할 수 있기 때문입니다.

5. 자비(친절)

"너희 아버지의 자비로우심 같이 너희도 자비로운 자가 되라."(눅 6:36)

'자비'는 친절한 행동을 의미하며 실천적인 선입니다. 골로새서 3장 12절에서 바울은 "그러므로 너희는 하나님의 택하신 거룩하고 사랑하신 자처럼 긍휼과 자비와 겸손과 온유와 오래 참음을 옷 입으라"고 권면합니다. 또한 에베소서 4장 32절에서 "서로 인자하게 하며(=be kind to one another) 불쌍히 여기며 서로 용서하기를 하나님이 그리스도 안에서 너희를 용서함같이 하라."고 말씀합니다. 친절을 베푸는 것은 위험할 수 있고 오해를 살 수도 있습니다. 예수 그리스도의 친절한 행위인 십자가에서 죽으심조차도 오해받았으나, 그 친절이 우리에게 생명을 주었습니다.

6. 양선

"선한 사람은 마음에 쌓은 선에서 선을 내고 악한 자는 그 쌓은 악에서 악을 내나니"(눅 6:45)

'양선'은 '의, 번영, 친절' 등의 뜻으로 자비보다도 더욱 능동적인 선을 의미합니다. 로마서 15장 14절에서 "내 형제들아 너희가 스스로 선함(goodness)이 가득하고 모든 지식이 차서 능히 서로 권하는 자임을 나도 확신하노라."고 말씀합니다. 선하게 되는 것은 잠깐 동안 할 일이 아니라 일생 동안 추구해야 하는 일입니다. 인격적인 사람은 모든 상황 속에서 "무엇이 마땅히 행할 옳은 일인가?"라고 묻게 만드는 '선'이라는 성령의 인도를 받으며 살아갑니다.

7. 충성(믿음)

"지극히 작은 것에 충성된 자는 큰 것에도 충성되고 지극히 작은 것에 불의한 자는 큰 것에도 불의하니라."(눅 16:10)

'충성'은 '믿음이 많다'는 뜻으로 '믿음, 신실, 성실'이라고도 번역됩니다. 하나님께는 경건함으로 대하는 것이요 사람들에게는 신실함으로 대하는 것입니다. 또한 환난과 고통 가운데서도 온전히 믿음을 지키는 모습입니다. 바울은 데살로니가후서 1장 4절에서 "그러므로 너희가 견디고 있는 모든 박해와 환난 중에서 너희 인내와 믿음으로 말미암아 하나님의 여러 교회에서 우리가 친히 자랑하는"이라고 했습니다. 디모데후서 4장 7절에서 "나는 선한 싸움을 싸우고 나의 달려갈 길을 마치고 믿음을 지켰으니"라고 했습니다.

8. 온유

"나는 마음이 온유하고 겸손하니 나의 멍에를 메고 내게 배우라. 그리하면 너희 마음이 쉼을 얻으리니"(마 11:29)

성령의 열매로서 '온유'(gentleness, humility)는 훈련돼서 나타나는 상대방에 대한 태도입니다. 그래서 주님은 주님에게서 훈련받으라고 하셨습니다. 온유는 하나님과 사람과의 관계에서 외적으로 나타나는 태도와 내적으로 있어야 할 겸손하고 부드러운 자세를 가리킵니다. 마태복음 5장 5절에서 "온유한 자는 복이 있나니 그들이 땅을 기업으로 받을 것임이요"라고 말씀하시는데, 여기서 온유할 자가 기업으로 얻을 땅은 곧 천국입니다.

9. 절제

베드로후서 1:6 지식에 절제를, 절제에 인내를, 인내에 경건을,

'절제'(self-control)는 그리스도인에게 주어진 자유를 적절히 사용하게 하여 지나친 방종과 무질서의 삶을 멀리 하게 하는 성령의 열매입니다. 많은 것에 부족함 없이, 오히려 풍족함을 누리고 살아온 현 세대에 특히 부족하고 아쉬운 덕목입니다. 제자는 시간을 절제해야 하고, 혀를 절제해야 하며, 화를 절제해야 합니다.

10. 풍성한 열매를 맺으려면

"내 안에 거하라 나도 너희 안에 거하리라 가지가 포도나무에 붙어 있지 아니하면 스스로 열매를 맺을 수 없음 같이 너희도 내 안에 있지 아니하면 그러하리라. 나는 포도나무요 너희는 가지라. 그가 내 안에, 내가 그 안에 거하면 사람이 열매를 많이 맺나니 나를 떠나서는 너희가 아무 것도 할 수 없음이라."(요15:4~5)

(1) 하나님의 말씀을 배우는 것입니다.

"너희가 내 안에 거하고 내 말이 너희 안에 거하면 무엇이든지 원하는 대로 구하라. 그리하면 이루리라."(요 15:17)

(2) 하나님의 일을 하는 것입니다.

"내가 하늘에서 내려온 것은 내 뜻을 행하려 함이 아니요 나를 보내신 이의 뜻을 행하려 함이니라."(요 6:38-39)

(3) 하나님의 뜻에 순종하는 것입니다.

"내가 아버지의 계명을 지켜 그의 사랑 안에 거하는 것 같이 너희도 내 계명을 지키면 내 사랑 안에 거하리라."(요 15:10)

[함께 나눔]

1. 나에게 풍성하다고 여겨지는 열매는 무엇입니까?

2. 나에게 부족한 열매는 무엇입니까?

3. 부족한 부분을 어떻게 보완할까를 함께 이야기해 봅시다.

[마치면서]

1. 중보기도, 찬송, 헌금, 주기도로 모임을 마칩니다.
   (순서를 바꾸거나 생략할 수 있습니다.)

2. 한 주간 제자도를 잘 행해 오세요(성경읽기, 전도활동, 기도, 기타.).

제5과
제자와 영적 전쟁

[반갑습니다]

한 주간 전도하고 싶어 만났거나 연락했던 사람을 이야기하고, 심하게 다투거나 싸우고 후회했던 일을 이야기해 봅시다.
(찬송과 기도로 시작할 수 있습니다.)

"우리가 육신으로 행하나 육신에 따라 싸우지 아니하노니 우리의 싸우는 무기는 육신에 속한 것이 아니요 오직 어떤 견고한 진도 무너뜨리는 하나님의 능력이라 모든 이론을 무너뜨리며 하나님 아는 것을 대적하여 높아진 것을 다 무너뜨리고 모든 생각을 사로잡아 그리스도에게 복종하게 하니"(고후 10:3-5)

1. 모든 싸움과 전쟁의 배후에

우리가 사는 세상에는 국가와 민족, 이웃과 개인들 사이에 크고 작은 충돌이 끊이지를 않습니다. 평화롭고 행복하게 살았으면 좋겠는데 사람 사는 곳에는 어디든지, 언제든지 크고 작은 전쟁이 있습니다. 심지어 전쟁을 방지하기 위한, 평화를 지키기 위한 준비가 결국은 전쟁 준비입니다. 우리 인간은 전쟁본능을 가지고 있는가 봅니다. 이 다툼, 전쟁의 배후에 사탄이 도사리고 있어서 그렇습니다.[5] 사탄은 우리 인간이 탐욕에 치우쳐, 서로 미워하고, 싸우다 죽도록 영향을 줍니다. 사탄은 어두움의 권세, 공중 권세, 사망 권세를 가지고 인간 세상을 끊임없이 죄로 얼룩지게 합니다.[6]

2. 사탄의 정체

하나님께서 세상을 창조 이전에 피조된 천사(욥 38:6,7; 골 1:16)의 일부가 타락하였는데(벧후 2:4; 유 1:6; 사 14:12-20), 사탄은 그 타락한 무리의 두목입니다(마 25:41;9:34). '사탄'이라

---

5. 요한복음 8:44 "너희는 너희 아비 마귀에게서 났으니 너희 아비의 욕심대로 너희도 행하고자 하느니라. 그는 처음부터 살인한 자요 진리가 그 속에 없으므로 진리에 서지 못하고 거짓을 말할 때마다 제 것으로 말하나니 이는 그가 거짓말쟁이요 거짓의 아비가 되었음이라"
6. 요한일서 3:8 "죄를 짓는 자는 마귀에게 속하나니 마귀는 처음부터 죄를 범함이라 하나님의 아들이 나타나신 것은 마귀의 일을 멸하려 하심이라."

는 단어는 히브리어로 '사탄'(שטן)이라고 하며, 그 의미는 '대적하는 자'입니다. 사탄은 성경의 여러 곳에 하나님의 대적자로 나타납니다. 예수 그리스도의 가르침 가운데도 사탄이 등장합니다(마 13:39; 눅 10:18;11:18). 사탄은 귀신의 왕으로 불린 점을 염두에 둔다면(마 12:24; 엡 6:11,12) 귀신 역시 타락한 천사로 여겨집니다. 이 사탄의 무리가 하나님을 대적하다가 하늘에서 땅으로 쫓겨나 사람들을 미혹해서 하나님을 믿지 못하게 하고, 불행하게 합니다.[7]

3. 사탄이 하는 일

(1) 하나님을 향하여

하나님께서 인류를 구원하시고자 하는 구속 사역을 방해하는 자로 나타납니다. 먼저 아담과 하와를 유혹하여 죄를 범하게 하더니, 사람들의 인격 속에 침투하는 방법을 통하여 구원사(救援史)를 방해합니다. 가인, 노아 시대의 사람들, 바벨탑을 쌓으면서, 소돔과 고모라에서, 가나안에 정착하여, 항상 사탄이 역사하였습니다. 오늘날에도 사탄은 교회 안에서 여전히 하나님의 구원 사역을 방해하고 있습니다.

---

7. 요한계시록 12:9 "큰 용이 내쫓기니 옛 뱀 곧 마귀라고도 하고 사탄이라고도 하며 온 천하를 꾀는 자라 그가 땅으로 내쫓기니 그의 사자들도 그와 함께 내쫓기니라."

(2) 그리스도에 대하여

그리스도께 대항하여 구속 사역을 방해하리라는 예언대로(창 3:15) 직접 그리스도를 시험했을 뿐 아니라(마 4:4-11) 간접적으로 그의 사역을 훼방했고(마 2:16), 유다를 충동질하여 그리스도를 십자가에 못 박는 일을 했습니다(요 13:37).

(3) 열방들에 대하여

사탄에게 미혹된 역대 왕들은 하나님께 영광을 드리지 못하고 오히려, 하나님을 대신하고자 하는 교만에 빠졌습니다. 사탄은 열왕들을 충동하여(계 20:3) 아마겟돈 전쟁을 일으킴으로 그의 권세를 드러내려 할 것입니다(계 16:14-16).

(4) 성도에 대하여

거짓말하도록 유혹하며(행 5:3), 성도들을 고소하고 참소하며 (계 12:10), 성도들이 하는 일을 방해하며(살전 2:18), 귀신을 고용해 성도들을 패배시키려고 시도하며(엡 6:11,12), 성도들로 하여금 부도덕에 빠지도록 유혹하며(고전 7:5), 성도들 가운데 가라지 씨를 뿌리며(마 13:38), 박해를 야기시킵니다.

(5) 불신자에 대하여

불신자를 지배하여(요일 5:19), 마음을 어둡게 하며(고후 4:4), 그들 가운데 역사하여(엡 2:2), 말씀을 제거하며(눅 8:12), 하나님을 대항하게(계 2:13) 미혹합니다(계 13:14).

4. 사탄을 이기신 하나님

하나님은 창조주이십니다. 사탄을 창조하신 하나님은 사탄을 이기신 용사시며,[8] 전쟁에 능하신 하나님이시고[9] 성도를 보호하시는[10] 아버지십니다. 우리는 하나님의 자녀로서, 하나님께서 잃은 자를 사랑하며 찾듯이 우리도 잃은 자를 찾아 그들을 구원해야 합니다. 하나님은 그 분의 자녀들이 그 분의 일을 잘 하도록 자신의 모든 권세를 자녀들에게 주셨고, 우리 믿는 자는 하나님의 자녀가 되어 사탄을 이기는 권세를 받았습니다.[11]

---

8. 출애굽기 15:3 "여호와는 용사시니 여호와는 그의 이름이시로다."
9. 시편 24:8 "영광의 왕이 누구시냐 강하고 능한 여호와시요 전쟁에 능한 여호와시로다."
10. 여호수아 24:17 "이는 우리 하나님 여호와께서 친히 우리와 우리 조상들을 인도하여 애굽 땅 종 되었던 집에서 올라오게 하시고 우리 목전에서 그 큰 이적들을 행하시고 우리가 행한 모든 길과 우리가 지나온 모든 백성들 중에서 우리를 보호하셨음이며"
11. 요한복음 1:12 "영접하는 자 곧 그 이름을 믿는 자들에게는 하나님의 자녀가 되는 권세를 주셨으니"

5. 주님께서 오신 목적

우리 주 예수 그리스도께서는 마귀를 멸하고 잃어버린 자를 찾아 구원하러 오셨습니다.[12] 주님께서는 마귀를 완전하게 이기셨습니다. 예수 그리스도만이 사탄의 권세를 이기신 유일한 분이십니다. 사람이 마귀의 손아귀를 벗어날 수 있는 길은 마귀를 이기신 예수 그리스도를 믿는 것 뿐입니다. 아직도 구원 문제가 해결되지 않은 사람들과 마귀, 귀신의 역사로 고생하는 가정들은 속히 예수 그리스도 앞으로 돌아와야 합니다. 주님께서는 우리 모든 성도들에게 주님이 하신 일, 즉 마귀를 멸하고 잃어버린 자를 찾으라는 명령을 하셨습니다.[13]

6. 사탄의 운명

사탄은 예수님께 완전히 패배당하여(요일 3:8; 요 12:31) 결박되어(마 12:29), 성도를 만지지도 못하며(요일 5:18), 성도들이 대적하면 피할 수밖에 없습니다(약 4:7). 에덴에서 심판이 선고되었

---

12. 요한일서 3:8 "죄를 짓는 자는 마귀에게 속하나니 마귀는 처음부터 범죄함이라. 하나님의 아들이 나타나신 것은 마귀의 일을 멸하려 하심이라."
    누가복음 19:10 "인자가 온 것은 잃어버린 자를 찾아 구원하려 함이니라."
13. 마태복음 28:18,19 "예수께서 나아와 말씀하여 이르시되 하늘과 땅의 모든 권세를 내게 주셨으니 그러므로 너희는 가서 모든 민족을 제자로 삼아 아버지와 아들과 성령의 이름으로 세례를 베풀고"
    마가복음 16:17 "믿는 자들에게는 이런 표적이 따르리니 곧 그들이 내 이름으로 귀신을 쫓아내며 새 방언을 말하며"

고(창 3:14,15), 십자가에서 그 심판이 성취되었으며 (요 12:31), 주님께서 재림하실 때 내쫓김을 당하여(계 12:13), 무저갱에 감금되고(계 20:2), 장차 불못에 던지움을 당할 것입니다(계 20:10). 사탄은 자기의 때가 얼마 남지 않은 곳을 알고 있기 때문에 할 수만 있으면 사람들을 미혹하려 지옥으로 데려가려 합니다.[14]

7. 성도의 영적전쟁

성도가 예수 그리스도를 믿어 하나님의 자녀가 되어 예수 그리스도의 제자가 되는 순간부터 세상에 사는 동안 사탄과 영적전쟁을 해야 합니다. 우리는 하나님의 자녀가 되었으며, 주님께서 자신의 일을 우리에게 위임해 주셨기 때문입니다.

(1) 영적 전투자의 자격이 있습니다.

☐ 거듭난 자(요 3:3, 롬 6:23)

☐ 하나님의 자녀(요 1:12)

☐ 성령충만 함을 유지하는 자(엡 5:8)

☐ 성령의 열매가 나타나는 자(갈 5:22-25)

☐ 성령의 은사가 나타나는 자(고전 12:7-11, 롬12)

---

14. 요한계시록 12:12 "그러므로 하늘과 그 가운데에 거하는 자들은 즐거워하라 그러나 땅과 바다는 화 있을진저 이는 마귀가 자기의 때가 얼마 남지 않은 줄을 알므로 크게 분내어 너희에게 내려갔음이라 하더라."

☐ 주님 뜻대로 행하는 자(삼상 16:7, 요 5:19)

☐ 말씀 위에 서 있는 자(딤후 2:15, 딤후 3:16)

☐ 교회의 한 지체(히 10:25, 롬 12:4,5)

☐ 순종하는 자(엡 5:21, 히 13:17, 삼상 15:22,23)

(2) *영적 전투를 위한 12가지 전략을 사용합니다.*

☐ 십자가의 권세를 믿습니다(갈 3:13, 엡 2:16).

☐ 주님의 보혈을 믿습니다(히 9:12, 10:9, 엡 2:13).

☐ 예수 이름의 권세를 선포합니다(마 28:18).

☐ 성도의 권세를 믿고, 그 권세를 사용합니다.
  (요 1:12, 마 28:18, 롬 10:18-13)

☐ 발로 밟는 권세를 사용합니다.
  (신 11:22-25, 수 1:3, 눅 10:19)

☐ 찬양과 경배의 능력을 사용합니다.
  (대하 20:16-23, 행 16:23-26)

☐ 말씀의 무기를 사용합니다.
  (마 4:4,7,10, 시 107:20, 딤후 2:15)

☐ 하나님의 전신갑주를 입습니다(엡 6:10-18).

☐ 성령의 능력을 의지합니다(마 12:28, 행 1:8).

☐ 매고 푸는 기도를 합니다(마 18:18, 마 16:19).

☐ 멍에를 꺾는 기도를 합니다(사 58:6-11).

☐ 합심기도입니다(마 18:19, 행 1:14, 전 4:9-12)

(3) 영적 전투를 위한 중보기도

영적 전투에서는 기도가 아주 중요합니다. 특별히 중보기도가 중요합니다. 영적 전투에 임하는 제자는 중보기도자입니다. 예수님의 중보기도가 우리를 구원하셨고, 지금도 우리를 위해 중보기도하고 계십니다(눅 23:34, 히 8:6). 하나님은 아브라함의 중보기도를 들어주셨고(창18:22-23), 모세의 기도를 들으시고 이스라엘을 용서하셨으며(출 32:7, 30-32), 아론과 훌의 중보로 이스라엘이 아멜렉과의 전쟁에서 승리했고(출 17:8-16), 사무엘은 평생 중보기도를 쉬는 죄를 범하지 않았습니다(삼상 7:7-10). 다니엘(단 9:3-27), 에스더(에 4:16), 사도바울(롬 9:1-3)도 중보기도의 사람이었습니다. 모든 성도는 중보자이며(벧전 2:5,9, 계 1:6), 중보기도자입니다.

8. 다음 세대를 위하여

한국교회의 미래는 다음 세대에 달려 있습니다. 사탄은 다음 세대인 젊은이들에게 뉴에이지라든지, 여러 가지 문화적인 것들, 내면적인 죄 등을 통해 조직적이고 은밀하게 접근합니다. 교회에서 젊은이들이 떠나고 무기력해지는 이유가 영적 전쟁을 잘못 이해한 때문인 경우가 많습니다. 가나안을 점령한 1세대가 지나고 난후, 다음 세대들은 가나안 문화에 동화되어 그들의 조상을 애굽에서 구원하신 하나님을 잊고 순식간에 가나안 우상을 섬깁니다(삿 2:1-2).

9. 최후 승리를 위하여

성도가 되는 순간, 구원받은 순간에 성도는 사탄과 영적 전쟁에 들어갑니다. 사탄과 전쟁은 우리가 이길 수밖에 없습니다. 우리는 하나님의 자녀가 되어 하나님의 권세를 이어받았고, 십자가에서 사탄을 완전하게 이기신 우리 주님께서 우리와 함께 계시고, 성령께서 우리 안에 계시기 때문입니다. 그럼에도 불구하고 사탄이 아직 활동하는 것은 성도를 단련시키려는 주님의 신비한 뜻이 있고, 사탄은 결국 주님이 오시면 영원히 무저갱에 갇히게 됩니다. 그 때까지 우리는 영적 전쟁을 해야 합니다.

성도는 사탄의 존재를 무시하거나, 너무 두려워할 필요가 없습니다. 성도는 사탄의 대적과 유혹에 무서워 할 필요도 없습니다. 예수 그리스도의 이름으로 사탄을 대적하면 됩니다. 사탄은 예수 그리스도의 이름으로 물러갑니다.

[함께 나눔]

1. 성도를 대적하는 자는 누구입니까?

2. 성도는 왜 영적 전쟁을 해야 합니까?

3. 마귀로부터 유혹, 공격을 당한 경험을 서로 이야기해 봅시다.

4. 어떻게 마귀의 유혹과 공격을 이길 것인지 말해 봅시다.

[마치면서]

1. 중보기도, 찬송, 헌금, 주기도로 모임을 마칩니다.
 (순서를 바꾸거나 생략할 수 있습니다.)

2. 한 주간 제자도를 잘 행해 오세요(성경읽기, 전도활동, 기도, 기타).

제6과
제자의 사명! 전도

[반갑습니다]

한 주간 전도하고 싶은 사람, 해야 할 사람을 5명 내외로 기록하고 함께 중보기도 할 수 있도록 합시다.
(찬송과 기도로 시작할 수 있습니다)

"그러므로 너희는 가서 모든 민족을 제자로 삼아 아버지와 아들과 성령의 이름으로 세례를 베풀고 내가 너희에게 분부한 모든 것을 가르쳐 지키게 하라 볼지어다 내가 세상 끝날까지 너희와 항상 함께 있으리라 하시니라."(마 28:19-20)

하나님은 모든 사람이 구원받으며 진리를 아는데 이르기를 소원하십니다(딤전 2:4). 사랑하는 자녀를 거리에서 잃어버린 부모나 또한 유괴범에게 자녀를 빼앗긴 부모의 소원은 무엇이겠습니까? 잃은 자녀를 다시 찾는 것입니다. 성경은 하나님을 떠난 자녀를 찾으시는 하나님의 행적을 기록한 책입니다. 하나님은 "아담아, 아담아" 아담을 찾아 부르십니다. "아브라함아, 아브라함아" 아브라함을 부르십니다. 우리 한 사람 한 사람을 애타게 부르십니다. 선지자들을 통해 부르시고, 예수 그리스도를 통해 부르시며, 먼저 부름 받은 성도들을 통해 부르십니다. 전도는 하나님께서 자신을 부르신다는 사실을 아직 모르는 사람들에게 하나님께서 지금 당신을 부르신다는 사실을 알리는 일입니다.

1. 그리스도의 재림은 전도와 깊은 관계가 있습니다

"이 천국 복음이 모든 민족에게 증언되기 위하여 온 세상에 전파되리니 그제야 끝이 오리라."(마 24:14)

예수 그리스도의 재림은 복음의 세계적 전파와 밀접한 관련이 있습니다. 현재 우리 시대의 인류의 3분의 2에 해당하는 인구가 아직도 전도를 받아야 합니다. 수많은 미전도 국가와 이방인들이 지구상에 존재하며 그들은 주님의 손길을 기다리고 있다는 사실을 인정해야 합니다. 마태복음 28장 19절의 '모든 민족'을 선교학적으로는 언어를 중심으로 한 부족 단위로 정의하는데, 이를 근거로 한 전 세계의 부족은 약 12,000개의 부족으로 구분하고 있습니다. 그 중 절반 정도가 아직 미전도 부족입니다.[15]

2. 전도는 그리스도의 마지막 명령입니다

"예수께서 나아와 말씀하여 이르시되 하늘과 땅의 모든 권세를 내게 주셨으니 그러므로 너희는 가서 모든 민족을 제자로 삼아 아버지와 아들과 성령의 이름으로 세례를 베풀고 내가 너희에게 분부한 모든 것을 가르쳐 지키게 하라 볼지어다 내가 세상 끝날까지 너희와 항상 함께 있으리라 하시니라."(마 28:18-20)

구원을 받은 신자들이라면 마땅히 생명을 주신 그리스도의 명령을 소중하게 여겨 지켜야 합니다. 그리스도의 명령을 따르는 것이 신자 된 본분이요, 구원 받은 증거인 까닭입니다. 그리스도의 명령을 지켜 나가는 것이 영적 생명을 성장시키는 것이기도 합니다. 주님의 모든 명령은 생명을 다해 지켜야 하는 것이로되 특별히 전도에 대한 명령은 마지막으로 당부하신, 유언적 성격을 띤 명령이라는 사실을 기억한다면 우리가 왜 전도를 해야 하는지 그 이유를 알게 될 것입니다.

우리에게 전도를 명하신 주님께서는 하늘과 땅의 모든 권세를

---

15. 미전도 부족: 이규학의 목회학박사학위논문 "현장전도"(아세아연합신학대학원, 1994, p.19)에 의하면, 세계에는 12,000 부족이 있다고 합니다. 그중 복음이 전파된 부족이 약 6,000여 곳이며, 나머지는 아직 미전도 부족입니다. 절반가량의 미전도 부족은 소수 단위의 부족이 대부분이나 무슬림이나 회교권등 대단위 부족도 적지 않습니다.

가지셨음을 상기시키십니다. 하늘과 땅의 권세를 가지신 주님이 세상 끝까지 우리와 함께 하실 것을 약속하십니다. 주님께서 우리와 함께 하시겠다는 약속은 주님께서 친히 하신 약속입니다. 그런데 이 약속은 전도 명령과 함께 주어지고 있습니다. 주님께서 성도들에게 언제나 함께 계실 것이지만 복음을 전하는 자리에, 예수가 구세주라는 진리를 전하는 자리에 특별한 관심을 가지고 계시겠다는 것입니다. 예수충만, 성령충만은 복음 전도를 위해 사는 사람을 위해 예비된 것입니다. 우리가 전도를 할 때 그 현장에 주님이 함께 하십니다.

3. 예수님은 복음을 전하려 오셨습니다

"예수께서 이르시되 내가 다른 동네들에서도 하나님의 나라 복음을 전하여야 하리니 나는 이 일을 위해 보내심을 받았노라 하시고"(눅 4:43)

예수 그리스도를 통한 복음 전도는 구약의 핵심적 내용입니다. 이사야 선지자는 "주 여호와의 영이 내게 내리셨으니 이는 여호와께서 내게 기름을 부으사 가난한 자에게 아름다운 소식을 전하게 하려 하심이라 나를 보내사 마음이 상한 자를 고치며 포로된 자에게 자유를, 갇힌 자에게 놓임을 선포하며"(사 61:1)라고 주님의 복음 전도 사역을 예언했습니다. 주님께서 공생애 사역을 시작하시면서 유대 회당에서 처음으로 설교하신 내용이 바로 이사야 선지자의 메시지입니다.

주님께서는 복음을 전하기 위해 이 땅에 오셨습니다.[16] 이 땅에 계시는 동안의 주님의 사역은 오직 복음 전도의 사역이었습니다. 주님 스스로 "내가 다른 동네들에서도 하나님의 나라 복음을 전하여야 하리니 나는 이 일을 위해 보내심을 받았노라."(눅 4:43)고 하심으로 이 사실을 확증하셨습니다. 주님의 복음에 대한 열심은 그의 제자들에게도 그대로 전해졌습니다. 제자들은 복음전도를 위해 살고, 복음을 전하다가 천국에 갔습니다.

4. 하나님은 전도를 통해서만 영혼을 구원하십니다.

"하나님의 지혜에 있어서는 이 세상이 자기 지혜로 하나님을 알지 못하므로 하나님께서 전도의 미련한 것으로 믿는 자들을 구원하시기를 기뻐하셨도다."(고전 1:21)

주님께서 복음을 전하기 위해 힘을 다하신 까닭이 있습니다. 인간의 형편이 참으로 비참하기 때문입니다. 인간의 비참함은 하

---

16. 누가복음 4:18-21 "주의 성령이 내게 임하셨으니 이는 가난한 자에게 복음을 전하게 하시려고 내게 기름을 부으시고 나를 보내사 포로 된 자에게 자유를, 눈 먼 자에게 다시 보게 함을 전파하며 눌린 자를 자유롭게 하고 주의 은혜의 해를 전파하게 하려 하심이라 하였더라 책을 덮어 그 맡은 자에게 주시고 앉으시니 회당에 있는 자들이 다 주목하여 보더라 이에 예수께서 그들에게 말씀하시되 이 글이 오늘 너희 귀에 응하였느니라 하시니"

나님을 거역한 악한 천사들을 위해 준비한 영원한 저주를 사탄의 권세 아래 있는 인간도 받아야 하는 데서 비롯됩니다. 그리고 이 비참함 중에 있는 사람들은 복음 전도를 통해서만 구원에 이를 수 있습니다. 인간은 방황하고 있습니다. 영적으로 굶주린 각설이 상태라,[17] 만족할 만한 것을 얻기 위해 이것저것 기웃거리지만 이 세상 것으로 영원한 만족을 얻을 수는 없습니다. 그리고 인간은 모두가 영적으로 무거운 짐을 지고 살아갑니다. 사람의 힘으로 결코 해결할 수 없는 죄의 짐입니다.[18]

뿐만 아니라 인간은 공중 권세를 잡은 사탄의 노예 상태에 있습니다.[19] 그러므로 인간은 영혼의 저주 상태에서 벗어날 수 없습니다. 왜냐 하면 인간 스스로 인간을 사로잡고 있는 사탄의 힘을 이기지 못하기 때문입니다. 그런데 이러한 인간의 해결 불가능한 문제들이 복음 전도를 통해 해결되는 것입니다. 예수 그리스도께서 사탄과의 전쟁에서 완전히 승리하셨습니다. 예수 그리스도를 믿는 사람들은 예수의 이름으로 사탄의 권세에서 해방됩니다. 뿐만 아니라 하나님의 자녀가 되어 하늘 백성이 되는 것입니다. 사람의 힘으로 불가능할 뿐만 아니라, 사람 보기에 미련해 보이는 이 일을 하나님께서는 오직 전도라고 하는 미련한 방편을 통해 이루십니다.

---

17. 마태복음 9:36 "무리를 보시고 불쌍히 여기시니 이는 그들이 목자 없는 양과 같이 고생하며 기진함이라."
18. 마태복음 11:28 "수고하고 무거운 짐 진 자들아 다 내게로 오라 내가 너희를 쉬게 하리라."
19. 에베소서 2:2 "그 때에 너희는 그 가운데서 행하여 이 세상 풍조를 따르고 공중의 권세 잡은 자를 따랐으니 곧 지금 불순종의 아들들 가운데서 역사하는 영이라."

5. 하나님께서는 전도자에게 최고의 상을 베푸실 것입니다

"지혜 있는 자는 궁창의 빛과 같이 빛날 것이요, 많은 사람을 옳은 데로 돌아오게 한 자는 별과 같이 영원토록 빛나리라."(단 12:3)

하나님께서는 그에게 충성한 자들에게 상을 베푸실 것입니다.[20] 성도들 중에 상을 받는 것을 부담스러워하거나 상에 관심이 없는 사람이 있습니다만, 이것은 바른 태도가 아닙니다. 하나님께서 우리에게 베푸실 상이 영생이요, 하나님 자신이기에 더욱 그러합니다.

믿음으로 사는 성도는 반드시 상 받기를 기대해야 합니다.[21] 하나님께서는 전도자를 향해 소중한 상을 약속하십니다. 주께서 함께 하신다는 임재와 동행의 약속입니다.[22] 그리고 주님은 전도자에게 그 영혼이 별처럼 빛나리라는 약속을 주셨습니다.

---

20. 마태복음 25:23 "그 주인이 이르되 잘하였도다 착하고 충성된 종아 네가 적은 일에 충성하였으매 내가 많은 것을 네게 맡기리니 네 주인의 즐거움에 참여할지어다 하고"
21. 히브리서 11:6 "믿음이 없이는 하나님을 기쁘시게 하지 못하나니 하나님께 나아가는 자는 반드시 그가 계신 것과 또한 그가 자기를 찾는 자들에게 상 주시는 이심을 믿어야 할지니라."
22. 마태복음 28:20 "내가 너희에게 분부한 모든 것을 가르쳐 지키게 하라 볼지어다 내가 세상 끝날까지 너희와 항상 함께 있으리라 하시니라."

6. 복음을 전하지 않으면 화가 있을 것입니다

"내가 복음을 전할지라도 자랑할 것이 없음은 내가 부득불 할 일임이라. 만일 복음을 전하지 아니하면 내게 화가 있을 것이로다."(고전 9:16)

이토록 소중한 복음을 전하는 것은 그리스도인의 믿음을 주님께 보여 주는 것입니다. 복음을 전하지 않는 자는 주님의 죽으심과 다시 사심의 은혜를 업신여기는 자요, 이웃을 사랑하라고 하신 주님의 계명을 무시하는 자입니다. 복음 전하기를 원하지 않는 자들을 향한 하나님의 경고를 기억해야 합니다.

"가령 내가 악인에게 말하기를 너는 꼭 죽으리라 할 때에 네가 깨우치지 아니하거나 말로 악인에게 일러서 그의 악한 길을 떠나 생명을 구원하게 하지 아니하면 그 악인은 그의 죄악 중에서 죽으려니와 내가 그의 피 값을 네 손에서 찾을 것이고"(겔 3:18)

7. 전도자 지침서

(1) 전도자 자신이 영적으로 좋은 상태에 있어야 합니다.

(2) 전도를 위한 기도를 반드시 해야 합니다.

(3) 전도의 기회를 얻기 위해 선행을 아낌없이 베풉니다.

(4) 기회를 포착하여 교회와 속회 예배로 인도해야 합니다.

(5) 하나님의 말씀을 적절히 인용해야 합니다.

(6) 전도할 사람에 대한 관심을 계속 가져야 합니다.
(7) 자신이 전도한 사람이 정착할 때까지 돌보아야 합니다.
(8) 조급하게 강요하지 말아야 합니다.
(9) 항상 주보나 전도지를 가지고 다녀야 합니다.
(10) 10분 이내의 간증 자료를 준비하고 있어야 합니다.
(11) 틈틈히 교회와 담임목사, 교회 식구들을 자랑합니다.

[함께 나눔]

1. 전도해야 할 사람 명단을 5명 이상 적어 봅시다.

2. 전도를 하기 위해 내가 어떤 일을 할 수 있을지 생각해 봅시다.

3. 간단한 간증문을 작성해 봅시다.

[마치면서]

1. 중보기도, 찬송, 헌금, 주기도로 모임을 마칩니다.
 (순서를 바꾸거나 생략할 수 있습니다.)

2. 한 주간 제자도를 잘 행해 오세요(성경읽기, 전도활동, 기도, 기타.).

제7과
제자와 가정

[반갑습니다]

한 주간 전도를 위해 행한 것을 이야기하고, 우리 어머니에 대한 이야기를 한 가지씩 해 봅시다.
(찬송과 기도로 시작할 수 있습니다.)

"이러므로 남자가 부모를 떠나 그의 아내와 합하여 둘이 한 몸을 이룰지로다."(창 2:24)

1. 가정 : 남편과 아내

우리 사회의 기본 단위는 개인이 아니라 가정입니다. 가정은 하나님나라와 교회를 이루는 기본 단위입니다. 물론 가정은 사회를 이루는 기본 단위이기도 합니다. 가정이 건강해야 교회가 건강합니다. 가정의 건강은 건강한 사회의 근본이 됩니다. 오늘날 사회가 어지러운 것도 가정이 건강하지 못한 것과 맥을 같이 합니다. 그런데 가정의 행복은 하나님께서 돌보실 때 완전해지는 것입니다. 가정의 핵심인 부부는 사랑과 복종으로서 하나님께서 설립하신 가정 제도의 목적을 성취해야 합니다.

(1) 가정은 오직 하나님이 세우십니다.

"여호와께서 집을 세우지 아니하시면 세우는 자의 수고가 헛되며 여호와께서 성을 지키지 아니하시면 파수꾼의 깨어 있음이 헛되도다." (시 127:1)

남녀가 만나 가정을 형성하는 것은 저절로 된 것이 아니라 하나님께서 처음부터 계획하신 일입니다. 하나님께서 가정을 세우신즉 남녀를 막론하고 헤어질 수가 없습니다.[23] 하나님께서 가정을 세우셨으니, 부부는 마땅히 배우자를 하나님께서 자기에게 보내 주심을 알고 소중히 여기고 존중하며 평생을 함께 살아야 할 것입니다.

---

23. 마태복음 19:8 "예수께서 이르시되 모세가 너희 마음의 완악함 때문에 아내 버림을 허락하였거니와 본래는 그렇지 아니하니라."

(2) 가정을 주신 목적

"하나님이 자기 형상 곧 하나님의 형상대로 사람을 창조하시되 남자와 여자를 창조하시고 하나님이 그들에게 복을 주시며 하나님이 그들에게 이르시되 생육하고 번성하여 땅에 충만하라, 땅을 정복하라, 바다의 물고기와 하늘의 새와 땅에 움직이는 모든 생물을 다스리라 하시니라."(창 1:27-28)

하나님께서 가정을 세우신 것은 남녀로 생육하고 번성하게 하심으로 하나님 백성을 많이 생산하게 하여 하나님나라를 이루고자 함이었습니다. 남녀로 하나님을 대신하여 하나님께서 지으신 세상을 다스리게 하셨습니다.

그러므로 가정은 자녀를 생산하여 하나님의 백성을 만들고, 하나님을 대신하여 이 땅 위에 하나님의 나라인 교회를 세워가는 일에 대한 절대적인 책임이 있습니다.

(3) 여자는 돕는 배필입니다.

"여호와 하나님이 이르시되 사람이 혼자 사는 것이 좋지 아니하니 내가 그를 위하여 돕는 배필을 지으리라 하시니라."(창 2:18)

하나님께서 가정에 여자를 두셨습니다. 가정에 여자가 존재하는 가장 주요한 목적은 남자를 돕는 것입니다. 여자는 혼자 살 수 있으나 남자는 혼자 살지를 못합니다. 남자는 여자의 도움 없이 살지를 못합니다. 남자는 여자의 도움을 받아야 살 수 있습니다. 이토록 여자의 돕는 역할은 중요한 것입니다.

따라서 남자는 돕는 배필인 여자를 지극히 소중히 여겨야 합니다. 첫 사람 "아담이 가로되 이는 내 뼈 중의 뼈요 살 중의 살이라 이것을 남자에게서 취하였은즉 여자라 부르리라 하니라"(창 2:23)라고 하여 아내 된 하와를 향해 원색적인 사랑을 고백한 바 있습니다.

(4) 아내는 남편에게 복종해야 합니다.

"아내들이여 자기 남편에게 복종하기를 주께 하듯 하라. 이는 남편이 아내의 머리 됨이 그리스도께서 교회의 머리 됨과 같음이니 그가 바로 몸의 구주시니라. 그러므로 교회가 그리스도에게 하듯 아내들도 범사에 자기 남편에게 복종할지니라."(엡 5:22-24)

세상이 변하고 강산이 변해도 하나님의 진리는 변할 수 없습니다. 아내가 남편에게 순종하는 것 또한 조금이라도 변할 수 없는 하나님의 법칙입니다. 아내가 남편에게 순종하는 것은 인간사의 법칙이기 이전에 하나님의 나라인 교회의 법칙입니다.

그리스도께서 교회의 머리인 것처럼, 남편은 아내의 머리요, 교회가 머리인 그리스도께 순종을 다하듯이 아내는 남편에게 순종을 다해야 합니다. 이것이 하나님의 나라인 교회를 이루어 가는 것이요, 복음 전도의 바른 길입니다.

(5) 남편은 아내를 사랑해야 합니다.

"남편들아 아내 사랑하기를 그리스도께서 교회를 사랑하시고 그 교회를 위하여 자신을 주심 같이 하라."(엡 5:25)

남편은 아내를 사랑하되 주께서 교회를 사랑하사 그의 몸을 주심처럼 생명을 다해 아내를 사랑해야 합니다. 그리고 아내만을 사랑해야 합니다. "이와 같이 남편들도 자기 아내 사랑하기를 자신과 같이 할지니 자기 아내를 사랑하는 자는 자기를 사랑하는 것이라"(엡 5:28)고 하신 것처럼 남편은 자신을 사랑하듯이 아내를 사랑해야 마땅합니다. 이런 남편이 아내의 순종을 당당히 요구할 수 있을 것입니다.

2. 부모 : 자녀 교육

(1) 자녀들은 부모님께 순종

"네 부모를 공경하라. 그리하면 네 하나님 여호와가 네게 준 땅에서 네 생명이 길리라."(출 20:12)

① 부모를 섬기기 어려운 시대입니다.

오늘날 대가족 제도가 해체되면서 차츰 핵가족화 됨에 따라서 어느 형제가 부모를 모시느냐 하는 문제는 부모의 마음을 자못 아프게 합니다. 그러나 부모를 향한 자녀들의 불변하는 진리는 "자녀들아, 주 안에서 너희 부모에게 순종하라. 이것이 옳으니라. 네 아버지와 어머니를 공경하라. 이것은 약속이 있는 첫 계명이니 이로써 네가 잘되고 땅에서 장수하리라."(엡 6:1-3)는 말씀입니다.

② 부모를 향한 순종(공경)이 우선되어야 합니다.

가정을 건강하게 지키는 중요한 원칙으로서 마땅히 자녀들은 부모에게 순종해야 합니다. 가정에서의 순종이 사회를 지탱시키는 근본이 됩니다. 부모의 권위를 인정하지 않는 자녀들은 사회에서도 권위를 인정하지 않을 것이요, 이런 사람들이 후에 자신들도 인정을 받지 못할 것은 당연합니다. 부모에 대한 효도는 아무리 강조해도 지나치지 않습니다. 결혼한 사람들에게는 양편 부모를 조금도 편애하지 말아야 할 것이며, 나이든 부모에게 경제적인 욕구를 채워 주는 것을 잊지 말아야 할 것입니다.

③ 부모 공경은 곧 하나님 공경입니다.

이와 같이 부모를 공경하라 함은 육신의 부모를 공경함을 통해 영혼의 부모이신 하나님께 효도함을 배우기 때문입니다. 부모에게 불효하면서 하나님을 잘 섬길 수 없다는 것이요, 부모에게는 소홀히 하며 하나님께 헌신한다고 하는 것을 하나님께서 받지 않으신다는 것입니다.

(2) 가정의 구원을 위한 노력

"이르되 주 예수를 믿으라 그리하면 너와 네 집이 구원을 받으리라 하고 주의 말씀을 그 사람과 그 집에 있는 모든 사람에게 전하더라 그 밤 그 시각에 간수가 그들을 데려다가 그 맞은 자리를 씻어 주고 자기와 그 온 가족이 다 세례를 받은 후 그들을 데리고 자기 집에 올라가서 음식을 차려 주고 그와 온 집안이 하나님을 믿으므로 크게 기뻐하니라."(행 16:31-34)

아직 믿음으로 하나 되지 못한 가정의 가장 시급한 문제는 가정 구원입니다. 하나 되지 못한 가정을 위한 교회적인 노력과 기도도 절실합니다. 여러분 주변의 성도들 중 하나 되지 못한 가정을 위한 특별한 관심과 기도가 필요합니다. 하나님을 모시는 축복된 가정, 서로 사랑하며 행복한 가정을 이루도록 힘씁시다. 아직까지 구원받지 못한 가족들의 명단을 적고 매일 이들을 위해 기도합시다.

(3) 자녀 양육은 부모의 큰 책임입니다.

"또 아비들아 너희 자녀를 노엽게 하지 말고 오직 주의 교훈과 훈계로 양육하라."(엡 6:4)

① 자녀 교육의 책임은 부모에게 있습니다.

오늘날 부모들이 자녀교육을 학교와 학원에 전적으로 의존함에도 불구하고 자녀 교육의 책임은 결코 학교, 학원에 있지 않습니다. 자녀는 가정에서 양육되어지며, 성품뿐만이 아니라 지혜와 지식도 가정을 통해 양육되어져야 합니다. 하지만 오늘날 많은 부모들은 지식이 뛰어난 자녀로 양육하고자 합니다. 하지만 성도들은 눈물을 흘리는 기도와 주의 교양, 적절한 훈계로 자녀를 양육해야 합니다. 사람이 아무리 수고해도 자식 농사 잘못 지으면 실패한 인생인 것입니다. 우리의 자녀들은 위기의 시대에 살고 있습니다. 정직한 신앙의 본을 보이는 것, 교회를 위하여 애쓰는 모습, 은밀한 구제의 손길, 간절한 기도는 자녀에게 더없는 교훈입니다.

② 성경은 조기 신앙 교육을 명합니다.

성경은 어려서부터 자녀들을 가르치고 연단하라고 당부합니다. "마땅히 행할 길을 아이에게 가르치라 그리하면 늙어도 그것을 떠나지 아니하리라"(잠 22:6). "또 아비들아 너희 자녀를 노엽게 하지 말고 오직 주의 교훈과 훈계로 양육하라"(엡 6:4). "주께서 그 사랑하시는 자를 징계하시고 그가 받아들이시는 아들마다 채찍질하심이니라 하였으니… 어찌 아버지가 징계하지 않는 아들이 있으리요"(히 12:6,7)라고 말씀하심으로 자녀 교육의 중요성을 강조합니다.

자녀 양육에 대한 성경의 주장을 분석해서 종합해 보면, 첫째, 어렸을 적부터 가장 귀한 것(근본 되는 가치)이 무엇인가를 가르치라는 것이며, 둘째, 가르치되 부모가 먼저 모범을 보이며 훈련시킬 것이요, 셋째, 구체적인 행실에 잘못이 있을 때에는 그 이유를 분명히 알도록 하며 책벌할 때에는 일관성 있게 그리고 사랑으로써 이행해야지 감정이나 혈기로 야단치지 않아야 한다는 것 등입니다.

③ 최고의 교육은 모범입니다.

자녀 양육에 있어서 가장 중요한 것은 부모가 먼저 서로 사랑하는 사이임을 자녀들에게 보여줄 수 있어야 하고, 부모를 공경하는 것을 자녀들에게 모범으로 나타내야 합니다. 어린 자녀들은 부모가 가장 좋은 모델이기 때문에 그 모습을 그대로 보고 배우게 됩니다. 그렇기 때문에 부모들의 올바른 태도와 가치관은 매우 중요합니다. 이렇게 부모가 올바르게 모범을 보여야 자녀들의 정서가 안정되고 자유롭고 평온한 가정 분위기가 조성되어서 가정교육이 제대로 자리를 잡아갈 수 있습니다. 이러한 기초적인 터전 위에 어렸을 적부터 신앙적 습관, 태도, 행실이 훈련되어야 하고 차츰 자녀들이 자라면서 생각, 언어 구사, 판단력, 책임감 등 가치의 체계가 형성되도록 해야 합니다. 가장 좋은 교육의 모범은 가정예배를 드리는 것입니다.

④ 자녀는 본래 하나님의 것입니다.

자녀는 하나님의 것이요, 사랑의 선물입니다. 선물을 받은 자는 그것을 통해서 기뻐하며 감사할 뿐입니다. 행여나 우리가 자녀를 나의 소유인 양 내 생각대로, 내 욕심대로 키워 보겠다고 하면 바로 그것이 많은 근심을 초래하는 원인이 됩니다. 기독교 가정에서 자녀 양육의 비결은 자녀를 키우는 동안 그들을 하나님의 자녀로 여겨 모든 문제를 주님께 위탁해서 풀어가는 데 있습니다.

[함께 나눔]

1. 가정 구원이 중요한 까닭을 말해 보세요.

2. 현재 가정을 꾸리고 있다면 어떤 모습으로 변화시켜 나가고 싶은지 이야기해 봅시다. 미래의 가정을 이룰 때에 어떤 모습의 가정을 만들고 싶은지 이야기해 봅시다.

3. 가정을 복음화(신앙으로 더욱 성장)하기 위해 내가 할 일을 말

하고, 함께 기도합시다.

[마치면서]

1. 중보기도, 찬송, 헌금, 주기도로 모임을 마칩니다.
   (순서를 바꾸거나 생략할 수 있습니다.)

2. 한 주간 제자도를 잘 행해 오세요(성경읽기, 전도활동, 기도, 기타.).

제8과
제자와 청지기

[반갑습니다]

한 주간 체험한 하나님의 은혜를 이야기하고, 내가 가지고 있는 것이 무엇인지를 함께 나누어 봅시다.
(찬송과 기도로 시작할 수 있습니다.)

"각각 은사를 받은 대로 하나님의 여러 가지 은혜를 맡은 선한 청지기 같이 서로 봉사하라."(벧전 4:10)

청지기란 주인의 것을 맡아서 책임 있게 관리하고 나중에는 주인께 결산을 해야 할 신분의 사람을 말합니다. 우리는 모두 주인이신 하나님의 청지기들입니다. 우리가 가진 몸, 재능, 재산 등 모든 것은 내 것이 아니라 주께서 내게 주를 위해 일하라고 맡기신 것들입니다. 대부분의 사람들은, 심지어 그리스도인들마저 우리가 빈손 들고 왔다가 빈손 들고 가는 줄을 잊고 있습니다. 사는 동안 우리에게 주어진 것은 우리 것이 아니라 하나님께서 우리에게 잘 관리하라고 맡긴 것임을 알지 못합니다.

주님의 제자들은 청지기직을 수행하는데 있어서 최선을 다해서 충성해야 합니다. 마지막 결산은 너무나 엄숙해서 적당하게 넘어가지 못할 것입니다. 구원만 받으면 된다는 안일한 생각을 하는 성도들은 청지기로서의 마지막 결산을 모르기 때문입니다. 모든 것이 주님의 것입니다. 우리 것이란 하나도 없습니다. 이 사실을 늘 명심하면 청지기로서 충성하는데 큰 장애가 없을 것입니다.

1. 시간을 맡은 청지기

"그런즉 너희가 어떻게 행할지를 자세히 주의하여 지혜 없는 자 같이 하지 말고 오직 지혜 있는 자 같이 하여 세월을 아끼라 때가 악하니라. 그러므로 어리석은 자가 되지 말고 오직 주의 뜻이 무엇인가 이해하라."(엡 5:15-17)

우리는 시간을 맡은 청지기입니다. 인생에게 주어진 시간이 그리 많지 않습니다. 하나님나라에서의 영원한 시간을 생각한다면 이 땅에서의 80-90년의 생은 차라리 순간일 뿐입니다. 재물은 저축을 할 수 있지만 시간은 지나가는 것으로 끝입니다. 우리에게 맡겨진 시간은 우리의 시간이 아닙니다. 하나님의 것을 우리가 관리하고 있는 것입니다. 때문에 성도들은 한 순간이라도 소홀히 보낼 수 없습니다. 하나님은 이 땅에 살아간 시간 동안을 근거로 그의 백성들을 평가하실 것입니다.

(1) 악하고 게으른 것이 사람의 본성입니다.

사람의 본성은 하나님을 향하여는 근본적으로 악하고 게으르다는 데 있습니다.[24] 하나님의 일에 악하고 게으른 사람의 현저한 특징은 자신의 정욕을 위해서는 부지런하다는 것입니다. 즉 영생을 위한 수고를 위해서는 게으르나 멸망을 위해서는 지극히 부지런하다는 것입니다. 이는 불신자들이 가지는 삶의 한 특징인 바, 성도들에게서도 이러한 현상이 나타난다면 이는 분명 하나님을 업신여기는 태도입니다. 하나님께서 부지런한 사람을 찾기가 얼마나 어려우신지요!

(2) 세월을 아끼세요!

"세월을 아끼라. 때가 악하니라."(엡 5:16)

하나님께서 성도들에게 세월을 아끼라고 하십니다. 세월을 아낀다는 말의 본래 의미는 돈을 주고 기회를 사라는 것입니다. 곧

---

24. 마태복음 25:26 "그 주인이 대답하여 이르되 악하고 게으른 종아 나는 심지 않은 데서 거두고 헤치지 않은 데서 모으는 줄로 네가 알았느냐."

하나님을 위해 수고하는 시간은 돈보다 훨씬 귀중하다는 것을 알 수 있습니다. 돈벌이를 위해 시간을 투자하느라 하나님께 소홀 하는 것이 오늘날의 현상입니다. 때가 악합니다. 시간을 활용함에 있어서도 사탄의 역사가 강하게 나타난다는 것입니다. 사탄은 성도들로 불필요한 일에 시간을 소비하도록 하여 '바쁘다, 정말 바빠' 하면서 정신없이 살게 합니다. 정신없이 살다보니 정작 하나님을 위한 시간은 드리지 못하게 됩니다. 일에 지나치게 바쁜 사람들은 반드시 자신을 돌아보아 삶의 균형을 찾아야 합니다.

(3) 주님의 뜻을 알아야 시간을 잘 사용할 수 있습니다.

"너희는 이 세대를 본받지 말고 오직 마음을 새롭게 함으로 변화를 받아 하나님의 선하시고 기뻐하시고 온전하신 뜻이 무엇인지 분별하도록 하라."(롬 12:2)

시간을 잘 사용하는 비결은 시간의 주인 되신 주님의 뜻을 바로 아는 일입니다. 로마서 12장은 성도들에게 시간을 잘 활용할 수 있는 방향을 제시해 주고 있습니다. 먼저 이 세대를 본받지 말고 변화를 받아야 합니다.[25] 성도라고 하면서 여전히 이 세대를 본받고 있다면 시간 활용은 바라기 어려운 일입니다. 이 세대를 본받고 있는가의 여부는 자신이 세상 유행에 얼마나 민감한

---

25. 갈라디아서 5:19-21 "육체의 일은 분명하니 곧 음행과 더러운 것과 호색과 우상 숭배와 주술과 원수 맺는 것과 분쟁과 시기와 분냄과 당 짓는 것과 분열함과 이단과 투기와 술 취함과 방탕함과 또 그와 같은 것들이라 전에 너희에게 경계한 것 같이 경계하노니 이런 일을 하는 자들은 하나님의 나라를 유업으로 받지 못할 것이요."

가를 점검해 보면 대략 알 수 있습니다. 그리고 성도는 반드시 하나님께서 자기에게 주신 은사를 따라 교회를 섬겨야 합니다. 성도마다 은사가 있습니다.[26] 로마서 12장에 의하면 성도가 시간을 잘 활용하는 비결은 자신의 은사로 교회를 섬기는 데 있다는 사실을 알 수 있습니다. 은사의 활용과 시간의 사용은 밀접한 관계가 있습니다.

2. 재물을 맡은 청지기

"여호와여 위대하심과 권능과 영광과 승리와 위엄이 다 주께 속하였사오니 천지에 있는 것이 다 주의 것이로소이다. 여호와여 주권도 주께 속하였사오니 주는 높으사 만물의 머리이심이니이다. 부와 귀가 주께로 말미암고 또 주는 만물의 주재가 되사 손에 권세와 능력이 있사오니 모든 사람을 크게 하심과 강하게 하심이 주의 손에 있나이다. 우리 하나님이여 이제 우리가 주께 감사하오며 주의 영화로운 이름을 찬양하나이다. 나와 내 백성이 무엇이기에 이처럼 즐거운 마음으로 드릴 힘이 있었나이까 모든 것이 주께로 말미암았사오니 우리가 주의 손에서 받은 것으로 주께 드렸을 뿐이니이다."(대상 29:11-14)

(1) 천지간 모든 것이 주님의 것입니다.

성도는 재물을 맡은 청지기입니다. 성도들이 재물을 어떻게 관리해야 하는지 역대상 29장 11-14절을 통해 알아보도록 합니

---

26. 베드로전서 4:10 "각각 은사를 받은 대로 하나님의 여러 가지 은혜를 맡은 선한 청지기 같이 서로 봉사하라."

다. 본문에서 다윗 왕은 천지간에 있는 모든 것이 주님의 것이라고 고백하고 있습니다. 천지간의 모든 것이 주님의 것이니 우리의 재물(부와 귀)도 주님의 것이라고 주장합니다. 따라서 다윗과 이스라엘 백성들은 재물을 하나님께 드리면서 즐겁고 감사함으로 드렸습니다.

하나님께 무엇인가를 드리는 것도 영적인 능력이 있어야 합니다. 그들은 하나님께 즐겁게 드릴 힘이 있었습니다. 그 힘이 무엇이었을까요? 이스라엘이 가진 모든 것은 하나님의 것이요, 하나님께서는 천하를 구원하시는 일을 이스라엘을 통해 하시나니, 천하를 구원하는 일을 위해 하나님께 재물을 드림이 얼마나 즐거운 일인가를 아는 일이었습니다. 뿐만 아니라 드리면서도 주께 받은 것을 주께 드렸을 뿐이라고 말하고 있습니다. 성도들이 기꺼이 하나님께 재물을 드림에 있어서 중요한 것은 자신의 재물이 하나님의 것임을 아는 것과, 그 재물이 하나님께서 세상을 구원하시는 일에 쓰인다는 것을 아는 것입니다.

(2) 성도는 청지기일 뿐입니다.

"부하려 하는 자들은 시험과 올무와 여러 가지 어리석고 해로운 욕심에 떨어지나니 곧 사람으로 파멸과 멸망에 빠지게 하는 것이라 돈을 사랑함이 일만 악의 뿌리가 되나니 이것을 탐내는 자들은 미혹을 받아 믿음에서 떠나 많은 근심으로써 자기를 찔렀도다. 오직 너 하나님의 사람아 이것들을 피하고 의와 경건과 믿음과 사랑과 인내와 온유를 따르며"(딤전 6:9-11)

모든 재물은 하나님의 것이며 우리는 청지기에 지나지 않습니다. 이러한 신앙이 없으면 비록 예수를 믿는다 할지라도 매우 위험한 지경에 빠지기 쉽습니다. 돈을 사랑하는 것이 일만 악의 뿌리가 됩니다.[27] 돈은 이 세상의 전능한 신적 존재입니다. 돈이면 안 되는 것이 거의 없을 지경입니다. 참으로 돈은 사랑스러운 존재입니다. 그런데 돈이 일만 악의 뿌리라니요.

주님께서 돈을 경계하신 이유는 너무도 분명합니다. 돈을 사랑하면 주님을 떠날 수밖에 없다는 것이지요. 주님께서는 사람이 하나님과 재물을 겸하여 섬길 수 없다고 주장하십니다. 돈과 주님을 동시에 섬길 수 있다고 하는 사람은 주님보다 위대한 사람일 것입니다. 많은 성도들이 돈을 사랑함 때문에 돌이키기 어려운 타락을 합니다. 얼마나 많은 성도들이 돈과 주님 사이에서 방황을 하는지요.

(3) 재물 관리의 원칙

"네가 이 세대에서 부한 자들을 명하여 마음을 높이지 말고 정함이 없는 재물에 소망을 두지 말고 오직 우리에게 모든 것을 후히 주사 누리게 하시는 하나님께 두며 선을 행하고 선한 사업을 많이 하고 나누어 주기를 좋아하며 너그러운 자가 되게 하라 이것이 장래에 자기를 위하여 좋은 터를 쌓아 참된 생명을 취하는 것이니라."(딤전 6:17-19)

---

27. 마태복음 6:24 "한 사람이 두 주인을 섬기지 못할 것이니 혹 이를 미워하고 저를 사랑하거나 혹 이를 중히 여기고 저를 경히 여김이라 너희가 하나님과 재물을 겸하여 섬기지 못하느니라."

재물을 주인인 그리스도의 뜻대로 관리하는 데 필요한 몇 가지 원칙을 디모데전서 6장 17-19절에서 찾아볼 수 있습니다. 재물을 소유한 사람은 마음을 높이지 말아야 합니다. 재산이 있다고 마음 든든해하지 말라는 것이요, 교만하지 말라는 것입니다. 지갑이 두툼해야 안심이 되고 흡족한 오늘의 현실과는 동떨어진 이야기입니다만 그렇게 하는 것이 진리입니다. 가난한 사람이 복이 있다는 주님의 가르치심은 거짓말이 아닙니다.[28] 그리고 재물을 소유한 사람은 재물에 소망을 두지 말고 하나님께 두어야 합니다. 성도의 소망은 오직 예수 그리스도일 뿐입니다.[29]

재물을 선한 사업을 위해 쓰라고 하십니다. 선한 사업은 하나님의 구원 사업을 말합니다. 선한 사업은 교회를 든든히 세워 가는 사업을 말합니다. 특별히 선한 사업의 종류에 구제를 요구하십니다. 이것이 생명을 얻는 것이라고 합니다. 선행을 하는 것이 구원을 얻는 것이라는 의미가 아니라 이 같은 선한 사업이 구원 받은 성도라는 사실을 증거해 준다는 것입니다. 재물을 가진 성도는 재물을 통해 하나님을 사랑한다는 사실을 증명합니다. 사랑은 말과 입으로 되는 것이 아닙니다.[30] 행동으로 실천하여 그 사랑을 보여야 합니다. 하나님의 청지기라는 생각이 확고한 사람만이 하나님을 위해 재물을 바로 쓸 수 있습니다. 따라서 성도는 선한 사

---

28. 마태복음 5:3 "심령이 가난한 자는 복이 있나니 천국이 그들의 것임이요."
29. 히브리서 12:2 "믿음의 주요 또 온전하게 하시는 이인 예수를 바라보자 그는 그 앞에 있는 기쁨을 위하여 십자가를 참으사 부끄러움을 개의치 아니하시더니 하나님 보좌 우편에 앉으셨느니라."
30. 요한일서 3:17-18 "누가 이 세상의 재물을 가지고 형제의 궁핍함을 보고도 도와 줄 마음을 닫으면 하나님의 사랑이 어찌 그 속에 거하겠느냐 자녀들아 우리가 말과 혀로만 사랑하지 말고 행함과 진실함으로 하자."

업에 쓸 재물을 얻기 위해 열심히 일해야 합니다.

(4) 청지기는 결산을 합니다.

"또 어떤 사람이 타국에 갈 때 그 종들을 불러 자기 소유를 맡김과 같으니 각각 그 재능대로 한 사람에게는 금 다섯 달란트를, 한 사람에게는 두 달란트를, 한 사람에게는 한 달란트를 주고 떠났더니 다섯 달란트 받은 자는 바로 가서 그것으로 장사하여 또 다섯 달란트를 남기고 두 달란트 받은 자도 그같이 하여 또 두 달란트를 남겼으되 한 달란트 받은 자는 가서 땅을 파고 그 주인의 돈을 감추어 두었더니"(마 25:14-18)

마태복음 25장 14-30절에 나오는 달란트 비유에서 청지기의 결산에 대한 교훈을 하고 있습니다. 하나님께서는 신자들 각 사람에게 각기 다른 종류와 분량의 달란트를 주십니다. 이 달란트는 성도가 소유한 모든 시간, 재물, 재능 등을 총체적으로 가리킵니다. 하나님 앞에 많이 받았다고 자랑할 수가 없고, 조금 받았다고 부끄러워 할 필요가 없습니다. 모두가 하나님의 것입니다. 하나님의 것을 어떻게 사용했는지는 반드시 결산을 받습니다. 그런데 오늘날 성도들은 하나님의 결산에 대한 생각을 거의 하지 않고 살아갑니다. 어쩌자고 그리도 무모하게 용감한지 모르겠습니다.

[함께 나눔]

1. 청지기는 어떤 사람입니까?

2. 여러분의 것 모두가 정말로 하나님의 것이라고 여기십니까?

3. 결산 때 자신 없는 것은 무엇이며, 지금부터 어떻게 할까?

[마치면서]

1. 중보기도, 찬송, 헌금, 주기도로 모임을 마칩니다.
 (순서를 바꾸거나 생략할 수 있습니다.)

2. 한 주간 제자도를 잘 행해 오세요(성경읽기, 전도활동, 기도, 기타.).

제9과
제자와 순종

[반갑습니다]

한 주간 만난 사람들을 이야기하고, 순종하기 어려운 상황에서 순종했더니 좋았던 경험을 나누어 봅시다.
(찬송과 기도로 시작할 수 있습니다)

"한 사람이 순종하지 아니함으로 많은 사람이 죄인 된 것 같이 한 사람이 순종하심으로 많은 사람이 의인이 되리라."(롬 5:19)

우리는 불순종으로 충만한 시대에 살고 있습니다. 특히 우리나라는 해방 이후 정치, 사회적 불확실성의 시대를 살면서 사회 전반에 전통적 권위에 대한 불신이 팽배해졌습니다. '네 멋대로 살아라!', '나대로 살게 내버려 둬!' 이런 말들이 우리 시대를 살아가는 사람들의 모습입니다. 하나님을 향한 불순종, 부모를 거역함, 권위에 도전하는 것이 오늘날 우리의 자화상입니다. 이러한 때에 하나님께서는 그의 자녀들이 온종일 마음을 다하여 그에게 순종하기를 원하십니다.

인간에게 가장 좋은 것을 알고 계시는 분은 하나님이십니다. 나보다 더 나를 사랑하시는 분이 하나님이십니다. 우리가 우리의 계획을 세우는 것보다 더 좋은 계획을 가진 분이 하나님이십니다. 그러므로 우리는 하나님께 순종하는 길이 가장 선하고 좋은 일입니다.

1. 하나님이 기뻐하시는 순종

"사무엘이 이르되 여호와께서 번제와 다른 제사를 그의 목소리를 청종하는 것을 좋아하심 같이 좋아하시겠나이까 순종이 제사보다 낫고 듣는 것이 숫양의 기름보다 나으니"(삼상 15:22)

순종하는 자녀가 부모에게 큰 기쁨이 되는 것처럼, 하나님께서는 성도들의 순종을 참으로 기뻐하십니다. 하나님께서 "내가 이 일을 위해 누구를 보낼꼬, 누가 이 일을 할꼬." 하실 때에 "내가 여기 있나이다, 나를 보내소서. 부족하지만 제가 하겠나이다." 하며 나서는 사람을 지금 찾고 계십니다. 하나님은 즐겨 순종하는 사람들을 통해 하나님의 일을 이루어 가시며, 순종하는 이들에게 은혜를 베푸시는 것입니다.

2. 순종의 예

(1) 노아의 순종

"노아가 그와 같이 하여 하나님이 자기에게 명하신 대로 다 준행하였더라."(창 6:22)

노아 시대의 대 홍수는 하나님께 불순종하는 인류를 멸망시키기 위한 것이었습니다. 그러나 노아는 하나님께 순종하는 사람이었고, 순종의 결과 인류 구원의 길을 열었습니다.

(2) 아브라함의 순종

"믿음으로 아브라함은 부르심을 받았을 때에 순종하여 장래의 유업으로 받을 땅에 나아갈 새 갈 바를 알지 못하고 나아갔으며"(히 11:8)

믿음의 조상 아브라함의 위대함은 하나님께 대한 순종이었습니다. 하나님께서 떠나라고 했을 때 떠났고, 그의 아들 이삭을 바치라고 했을 때 바쳤습니다. 아브라함은 순종함으로 믿음의 조상이 되었습니다.

(3) 여호수아와 갈렙의 순종

"애굽에서 나온 자들이 이십 세 이상으로는 한 사람도 내가 아브라함과 이삭과 야곱에게 맹세한 땅을 결코 보지 못하리니 이는 그들이 나를 온전히 따르지 아니하였음이니라. 그러나 그나스 사람 여분네의 아들 갈렙과 눈의 아들 여호수아는 여호와를 온전히 따랐느니라 하시고"(민 32:11-12)

온 이스라엘이 하나님과 모세를 대적했을 때 오직 여호수아와 갈렙만은 가나안 땅은 하나님께서 우리에게 준 것이라고 담대히 주장했습니다. 하나님을 거역했던 무리 60만 명은 광야에서 40년을 방황하다가 죽었으나, 오직 여호수아와 갈렙은 가나안으로 들어갔습니다.

3. 순종의 본을 보이신 그리스도

"사람의 모양으로 나타나사 자기를 낮추시고 죽기까지 복종하셨으니 곧 십자가에 죽으심이라 이러므로 하나님이 그를 지극히 높여 모든 이름 위에 뛰어난 이름을 주사"(빌 2:8-9)

예수 그리스도는 우리의 순종의 본이 되십니다. 예수님은 근본 하나님이셨으나 아버지 하나님께 죽기까지 순종함으로 순종의 본을 보이셨습니다. 그 결과 온 인류의 구세주가 되셨으며, 만왕의 왕, 만주의 주가 되셨습니다. 성도는 그리스도의 순종을 본받아야 합니다.

4. 순종의 대상

(1) 하나님께 순종함

"베드로와 사도들이 대답하여 이르되 사람보다 하나님께 순종하는 것이 마땅하니라."(행 5:29)

먼저 성도는 하나님께 순종해야합니다. 초대 교회 성도들을 비롯한 하나님의 사람들의 두드러진 특징은 순교를 각오하면서도 사람의 말보다 하나님을 향해 순종했다는 것입니다.

(2) 하나님의 말씀에 순종

"네가 네 하나님 여호와의 말씀을 삼가 듣고 내가 오늘 네게 명령하는 그의 모든 명령을 지켜 행하면 네 하나님 여호와께서 너를 세계 모든 민족 위에 뛰어나게 하실 것이라."(신 28:1)

하나님에 대한 순종은 곧 하나님의 말씀에 대한 순종입니다. 영이신 하나님께서는 어떻게 하나님을 섬길 것인가를 성경을 통해 잘 말씀하셨습니다. 성경 말씀은 곧 하나님이 말씀하시는 권위를 가지는 것입니다. 말씀에 대한 순종이 영생입니다.

(3) 부모에게 순종

"자녀들아 주 안에서 너희 부모에게 순종하라 이것이 옳으니라."(엡 6:1)

부모에 대한 순종은 철저한 효도를 포함합니다. 부모에게 순종하는 자는 이 땅에서 잘 되며 장수하리라는 하나님의 약속이 있습니다.

(4) 남편에게 순종

"여자는 일체 순종함으로 조용히 배우라."(딤전 2:11)

남편은 아내의 머리입니다.[31] 남존여비의 사상을 말하는 것이 아니라 가정의 질서를 말하는 것입니다. 가정에서 아내의 순종이 없이는 자녀들의 순종도 없습니다.

(5) 교회의 권위에 순종

"또 내가 네게 이르노니 너는 베드로라 내가 이 반석 위에 내 교회를 세우리니 음부의 권세가 이기지 못하리라 내가 천국 열쇠를 네게 주

---

31. 남자는 여자의 머리: "그러나 나는 너희가 알기를 원하노니 각 남자의 머리는 그리스도요 여자의 머리는 남자요 그리스도의 머리는 하나님이시라."(고전 11:3)에서 말씀하고 있는 것처럼 남녀 관계는 단순히 남녀 관계에 머무르는 것이 아닙니다. 하나님의 창조질서가 그렇다는 것입니다. 질서가 무너지면 혼란이 옵니다. 그런데 세상 질서를 유지하는 근본이 아내와 남편이요, 아내와 남편의 관계는 순종과 사랑입니다.

리니 네가 땅에서 무엇이든지 매면 하늘에서도 매일 것이요 네가 땅에서 무엇이든지 풀면 하늘에서도 풀리리라 하시고"(마 16:18-19)

하나님께서는 교회에 천국열쇠를 주셨습니다. 성도는 교회의 정당한 사역, 권고, 권징에 순종해야 합니다.[32]

(6) 인도자에게 순종

"너희를 인도하는 자들에게 순종하고 복종하라. 그들은 너희 영혼을 위하여 경성하기를 자신들이 청산할 자인 것 같이 하느니라. 그들로 하여금 즐거움으로 이것을 하게 하고 근심으로 하게 하지 말라. 그렇지 않으면 너희에게 유익이 없느니라."(히 13:17)

인도자의 예수 그리스도의 심정으로 영혼을 돌아봅니다. 참으로 선한 목자는 양들을 위해 사는 자입니다. 양들이 아플 때 목자도 아파하며, 양들이 울 때 목자도 눈물로 간구합니다. 그러므로 인도자에게 순종할 때에 영혼이 성장을 이룹니다.

5. 순종을 잘하려면

무조건 순종은 순종이 아닙니다. 순종하기 전에 하나님의 뜻

---

[32] 천국열쇠: 교회의 권위는 하나님께서 교회에 천국열쇠를 주심에 있습니다. 교회의 결정이 곧 하나님의 결정이라는 것입니다. 교회가 성도의 구원을 인정하면 하나님께서도 그러하시며, 교회가 징계하면 그것은 곧 하나님의 징계입니다. 특히 천국열쇠는 징계와 관련하여 효력을 발휘하는 것이니, 정당한 징계는 성도와 교회를 순결하게 합니다.

을 먼저 발견해야 합니다. 그래서 주님은 마태복음 6장 33절, "그런즉 너희는 먼저 그의 나라와 그의 의를 구하라 그리하면 이 모든 것을 너희에게 더하시리라"고 하셨습니다. 어떻게 하나님의 뜻을 알 수 있습니까?

(1) 전도는 최고의 하나님의 뜻

"예수께서 나아와 말씀하여 이르시되 하늘과 땅의 모든 권세를 내게 주셨으니 그러므로 너희는 가서 모든 민족을 제자로 삼아 아버지와 아들과 성령의 이름으로 세례를 베풀고"(마 28:18-19)

(2) 성경읽기와 성경공부를 통해

"진리의 말씀이 내 입에서 조금도 떠나지 말게 하소서. 내가 주의 규례를 바랐음이니이다. 내가 주의 율법을 항상 지키리이다. 영원히 지키리이다."(시 119:43-44)

(3) 기도를 통해

"내가 날이 밝기 전에 부르짖으며 주의 말씀을 바랐사오며"(시 119:147)

"새벽 아직도 밝기 전에 예수께서 일어나 나가 한적한 곳으로 가사 거기서 기도하시더니"(막 1:35)

(4) 믿음으로

"믿음으로 아브라함은 부르심을 받았을 때에 순종하여 장래의 유업으로 받을 땅에 나아갈 새 갈 바를 알지 못하고 나아갔으며"(히 11:8)

6. 순종하지 않으면

"네가 만일 네 하나님 여호와의 말씀을 순종하지 아니하여 내가 오늘 네게 명령하는 그의 모든 명령과 규례를 지켜 행하지 아니하면 이 모든 저주가 네게 임하며 네게 이를 것이니 네가 성읍에서도 저주를 받으며 들에서도 저주를 받을 것이요, 또 네 광주리와 떡 반죽 그릇이 저주를 받을 것이요, 네 몸의 소생과 네 토지의 소산과 네 소와 양의 새끼가 저주를 받을 것이며 네가 들어와도 저주를 받고 나가도 저주를 받으리라. 네가 악을 행하여 그를 잊으므로 네 손으로 하는 모든 일에 여호와께서 저주와 혼란과 책망을 내리사 망하며 속히 파멸하게 하실 것이며 여호와께서 네 몸에 염병이 들게 하사 네가 들어가 차지할 땅에서 마침내 너를 멸하실 것이며 여호와께서 폐병과 열병과 염증과 학질과 한재와 풍재와 썩는 재앙으로 너를 치시리니 이 재앙들이 너를 따라서 너를 진멸하게 할 것이라."(신 28:15-22)

순종하지 않는 사람의 결과는 사망이요, 순종하지 않는 성도는 끝없이 저주를 받을 뿐입니다. 성경에 이르기를 성도가 순종하지 아니하면 성경에 기록된 여러 종류의 저주가 모두 임할 것을 경고합니다. 더욱 무서운 것은 불순종을 통해 자기 자신만 저주를 받는 것이 아니라 자손대대로 저주를 받는다는 것입니다.

7. 순종의 유익

"네가 네 하나님 여호와의 말씀을 청종하면 이 모든 복이 네게 임하며 네게 이르리니 성읍에서도 복을 받고 들에서도 복을 받을 것이며 네 몸의 자녀와 네 토지의 소산과 네 짐승의 새끼와 소와 양의 새끼가 복을 받을 것이며 네 광주리와 떡 반죽 그릇이 복을 받을 것이며 네가 들어와도 복을 받고 나가도 복을 받을 것이니라. 여호와께서 너를 대적하기 위해 일어난 적군들을 네 앞에서 패하게 하시리라. 그들이 한 길로 너를 치러 들어왔으나 네 앞에서 일곱 길로 도망하리라."(신 28:2-7)

순종의 유익은 범사에 많으니 첫째는 영생이요, 다음은 범사에 복을 받는 것입니다. 참으로 순종하는 사람이 복을 받습니다. 순종하는 사람은 자신에게만 복이 임하는 것이 아니라 주변의 사람들, 자손들까지 복을 받습니다.

[함께 나눔]

1. 자신이 지금까지 불순종했던 것들을 이야기해 봅시다.

2. 가장 순종하기 어려운 것이 무엇입니까?

3. 어떻게 순종을 잘할지를 나누어 봅시다.

[마치면서]

1. 중보기도, 찬송, 헌금, 주기도로 모임을 마칩니다.
 (순서를 바꾸거나 생략할 수 있습니다.)

2. 한 주간 제자도를 잘 행해 오세요(성경읽기, 전도활동, 기도, 기타.).

제10과
사회참여

[반갑습니다]

한 주간 가장 보람되었던 일을 이야기하고, 내가 참여하고 있거나 참여하고 싶은 봉사활동에 대해 나누어 봅시다.
(찬송과 기도로 시작할 수 있습니다.)

"예수께서 이르시되 네 마음을 다하고 목숨을 다하고 뜻을 다하여 주 너의 하나님을 사랑하라 하셨으니 이것이 크고 첫째 되는 계명이요 둘째도 그와 같으니 네 이웃을 네 자신 같이 사랑하라 하셨으니 이 두 계명이 온 율법과 선지자의 강령이니라."(마 22:37-40)

성도의 가장 큰 본분이 무엇일까요? 그것은 사랑을 실천하는 것입니다. 하나님과 이웃을 사랑하는 것 외에 더 큰 일은 없을 것입니다. 그러면 하나님을 사랑하고 이웃을 사랑한다는 것은 무엇일까요? 그것은 하나님께서 우리를 사랑하신다는 것을 세상에 알리는 것입니다. 즉 복음을 전하는 것입니다. 그런데 복음 전도는 반드시 사회 참여를 요구합니다. 건실한 사회참여와 복음 전도는 그리스도인의 두 가지 의무입니다. 어느 한 가지를 앞세울 수 없기에, 어느 한 가지를 더 소중하게 여길 수 없는 것입니다. 전도와 사회참여는 성도들이 동일하게 최고의 관심을 기울일 분야입니다.

1. 모두가 하나님의 것입니다.

(1) 하나님의 소생

"땅과 거기에 충만한 것과 세계와 그 가운데에 사는 자들은 다 여호와의 것이로다."(시 24:1)

예전에 하나님을 알지 못하던 시절에는 우리가 하나님의 소생인지를 알지 못했습니다. 알고 보니 온 땅과 그 위에 존재하는 생명 있는 것들이 모두 하나님의 것입니다. 온 땅에 있는 모든 사람들이 하나님의 것이라면 분명히 불신자들도 하나님의 것입니다. 문제는 그들 스스로가 하나님의 소생이라는 사실을 아직 알지 못할 뿐입니다. 그리스도인들은 바로 이 사실, 즉 인생들의 주인이 하나님임을 알리는 자들입니다.

(2) 불신자들을 향한 하나님의 관심

"또 네 이웃을 사랑하고 네 원수를 미워하라 하였다는 것을 너희가 들었으나 나는 너희에게 이르노니 너희 원수를 사랑하며 너희를 박해하는 자를 위하여 기도하라. 이같이 한즉 하늘에 계신 너희 아버지의 아들이 되리니 이는 하나님이 그 해를 악인과 선인에게 비추시며 비를 의로운 자와 불의한 자에게 내려 주심이라."(마 5:43-45)

참으로 하나님께서는 지구상의 모든 인류를 사랑하십니다. 하나님께서는 모든 사람에게 해와 달을 비춰시고 비를 내리십니다. 의인들(그리스도인들)의 논과 밭에만 비를 내리지 않습니다. 그런데 이 사실을 아는 사람은 그리스도인들뿐입니다. 하나님께서는 사회의 모든 사람들, 심지어 하나님을 대적하는 원수까지도 사랑하십니다. 그러기에 우리도 그렇게 함으로써 우리가 하나님의 자녀임을 나타내야 하는 것입니다.

(3) 사람은 사회적 존재입니다.

"여호와 하나님이 이르시되 사람이 혼자 사는 것이 좋지 아니하니 내가 그를 위하여 돕는 배필을 지으리라 하시니라."(창 2:18)

위의 성경 말씀은 물론 아담과 하와에 관한 말씀입니다. 그러나 그 원리는 보다 광범위하게 적용됩니다. 모든 인간은 사회적 존재입니다. 모든 사회의 구성원들과 교제하며 살아가도록 지음을 받았습니다. 나만, 내 가정만, 내가 섬기는 교회만 복 받아 잘 살면 된다는 것은 올바른 그리스도인의 생각이 아닙니다. 모든 사회가 건강해야 합니다. 그리스도인들은 건강한 사회를 책임지는 가장 핵심적인 사람들입니다.

2. 세상을 섬기러 오신 주님

(1) 세상을 섬기신 주님

"인자가 온 것은 섬김을 받으려 함이 아니라 도리어 섬기려 하고 자기 목숨을 많은 사람의 대속물로 주려 함이니라."(막 10:45)

예수님께서 세상에 오신 목적은 세상을 섬기려 함이라고 말씀하셨습니다. 예수님은 그를 믿지 않는 세상을 생명을 다해 섬기심으로 세상을 구원하셨습니다. 그런데 예수님께서는 자신이 세상에 오셨던 동일한 목적을 가지고 우리를 세상에 보내십니다. 우리들도 주 예수 그리스도의 본을 받아 하나님 말씀으로 세상을 섬겨야 합니다.

"예수께서 또 이르시되 너희에게 평강이 있을지어다. 아버지께서 나를 보내신 것 같이 나도 너희를 보내노라."(요 20:21)

교회는 세상에 사랑의 봉사를 행하도록 보냄을 받습니다. 우리는 세상을 섬기는 사랑의 삶을 통해 세상을 향하여 죄, 사탄,

그리고 사망으로부터의 구원의 좋은 소식을 전해야 합니다. 사회를 향한 적극적인 참여와 복음 전도는 동떨어진 것이 아닙니다. 함께 가는 것입니다. 성도들의 세상을 향한 정욕적인 관심이 아니라 복음전도를 향한 관심이 세상을 구원합니다.

(2) 사랑의 실천을 명하신 주님

"이같이 너희 빛이 사람 앞에 비치게 하여 그들로 너희 착한 행실을 보고 하늘에 계신 너희 아버지께 영광을 돌리게 하라."(마 5:16)

하나님을 알지 못하는 사람들은 성도들의 선한 행실을 보고 하나님께서 살아 계심을 알게 될 것입니다. 그리고 하나님 앞에 나아오게 되는 것입니다. 하나님은 이를 위해 교회를 세우셨고 성도를 교회에 부르셨습니다. 실로 성경의 가장 중요한 명령이 하나님과 이웃을 사랑하라는 것입니다. 이 명령을 잘 수행하는 것이 복음 전도의 바른길입니다.

(3) 초대 교회의 모범

"또 재산과 소유를 팔아 각 사람의 필요를 따라 나눠 주며 날마다 마음을 같이하여 성전에 모이기를 힘쓰고 집에서 떡을 떼며 기쁨과 순전한 마음으로 음식을 먹고 하나님을 찬미하며 또 온 백성에게 칭송을 받으니 주께서 구원 받는 사람을 날마다 더하게 하시니라."(행 2:45-47)

초대 교회 성도들은 대부분이 가난한 사람들이었습니다. 그럼에도 불구하고 그들은 재산과 소유까지 팔아 구제에 힘썼습니다. 그들에게 있어서 과부, 고아, 가난한 사람들은 특별한 관심의 대상이었습니다.[33] 초대 교회 성도들의 이 같은 사회참여는 온 백성의 칭송을 받았습니다. 이것이 하늘의 하나님 앞에 상달되었습니다. 그리고 하나님께서는 구원 받은 사람을 날마다 더하게 하셨습니다.

(4) 성도를 더욱 윤택하게 하는 구제

"흩어 구제하여도 더욱 부하게 되는 일이 있나니 과도히 아껴도 가난하게 될 뿐이니라. 구제를 좋아하는 자는 풍족하여질 것이요, 남을 윤택하게 하는 자는 자기도 윤택하여지리라."(잠 11:24-25)

가난한 사람은 하나님께서 특별히 사랑하는 사람들입니다. 하나님께서 사랑하는 이들을 위해 구제, 보호, 위로를 베푸는 것은 곧 하나님을 향해서 하는 것입니다. 가난한 이들을 내 몸처럼 아끼는 사람들을 하나님께서 내버려 두지 않습니다. 하나님께서 친히 갚으십니다.

---

33. 사도행전 6:1 "그 때에 제자가 더 많아졌는데 헬라파 유대인들이 자기의 과부들이 매일의 구제에 빠지므로 히브리파 사람을 원망하니"
  야고보서 1:27 "하나님 아버지 앞에서 정결하고 더러움이 없는 경건은 곧 고아와 과부를 그 환난 중에 돌보고 또 자기를 지켜 세속에 물들지 아니하는 그것이니라."

3. 직업 활동과 사회참여

(1) 성도의 직업과 사회참여

"그런즉 너희가 먹든지 마시든지 무엇을 하든지 다 하나님의 영광을 위하여 하라."(고전 10:31)

성도들의 사회참여는 직업 활동을 통해 가장 활발하게 나타납니다. 하나님께서는 성도들에게 특정한 직업을 주셨습니다. 구원받은 성도들에게 있어서 직업은 생계를 유지하는 방편만이 아닙니다. 성도의 직업은 하나님께서 하나님을 대신하여 성도를 섬기라고 주신 소중한 것입니다.[34]

하나님께서는 성도들마다 독특한 영역에서 일할 수 있는 직업을 주셨습니다. 어떤 이에게는 사업을, 어떤 이에게는 정치를, 어떤 이에게는 가르치는 일 등을 직업으로 주셨습니다. 그런데 이 직업과 복음 전도는 매우 긴밀한 관련이 있습니다.

"무슨 일을 하든지 마음을 다하여 주께 하듯 하고 사람에게 하듯 하지 말라. 이는 기업의 상을 주께 받을 줄 아나니 너희는 주 그리스도를 섬기느니라."(골 3:23-24)

---

34. 하나님께서 직업을 주셨다는 의미: 하나님께서 직업을 주셨다고 했을 때 고려해야 할 사항이 있습니다. 직업에는 귀천이 없다는 것입니다. 성경은 모든 직업은 동등하다고 주장합니다. 그럼에도 불구하고 하나님께서는 성경을 통해 어떤 종류의 직업을 금하십니다. 성경에 금지된 직업은 하나님께서 주신 것이라고 할 수 없습니다.

하나님께서는 성도들에게 각기 다른 재능을 주셔서 사회생활 전면에 보내십니다. 성도들이 자원해서 가는 것이면서도 하나님께서 보내시는 것입니다. 그리고 성도들은 보냄을 받은 장소에서 하나님의 일을 하는 것입니다. 하나님의 일이란 다름이 아니라 사회생활에 충실하는 것이요, 이를 통해 복음을 전하는 것입니다.

따라서 성도들은 자신의 직업에 충실해야 합니다. 무슨 일을 하든지 하나님께 하는 것처럼 해야 합니다. 직업은 하나님께서 주신 것이요, 하나님께서는 그 일의 성실함을 통해 전도의 기회를 삼으시기 때문입니다. 사실 성도들이 있는 곳이 바로 교회입니다. 성도들은 집에서, 사무실에서, 길거리나 장터에서, 학교에서, 세상 일이 진행되고 있는 곳이면 어디서나 교회의 역할을 하고 있습니다.

성도들은 있는 곳에서 성실하게 자기의 일을 하며(그것이 하나님의 일이기도 합니다), 복음 전도의 기회가 주어지기를 소원합니다. 전도의 기회가 주어지는 데로 힘써 복음을 전합니다. 이것이 하나님께서 성도들에게 직장을 주신 진정한 목적입니다.

(2) 국가에 대하여

"각 사람은 위에 있는 권세들에게 복종하라. 권세는 하나님으로부터 나지 않음이 없나니 모든 권세는 다 하나님께서 정하신 바라. 그러므로 권세를 거스르는 자는 하나님의 명을 거스름이니 거스르는 자들은 심판을 자취하리라."(롬 13:1-2)

정부의 권세는 하나님께서 주신 것입니다. 하나님께서는 선을 도모하고 악을 제어하는 목적을 위해 정부를 세우셨습니다. 무정부 상태나 악한 정부는 결코 바람직한 것이 아닙니다. 따라서 성도는 정부가 바로 서기 위해 기도와 격려로 도와야 할 것입니다.

"베드로와 사도들이 대답하여 이르되 사람보다 하나님께 순종하는 것이 마땅하니라."(행 5:29)

그럼에도 불구하고 정부의 권위는 절대적인 것이 아닙니다. 정부가 하나님의 정의와 평화를 위협하고, 가난한 사람들을 억압하며, 복음 전도를 방해하는 것은 하나님께 도전하는 행위입니다. 이럴 경우 교회는 분연히 약자 편에서 정부를 향해 선지자적 고발을 해야 합니다. 필요하다면 비폭력 저항도 해야 합니다.

4. 인권문제

"하나님이 이르시되 우리의 형상을 따라 우리의 모양대로 우리가 사람을 만들고 그들로 바다의 물고기와 하늘의 새와 가축과 온 땅과 땅에 기는 모든 것을 다스리게 하자 하시고 하나님이 자기 형상 곧 하나님의 형상대로 사람을 창조하시되 남자와 여자를 창조하시고"(창 1:26-27)

사람에게는 인간만이 가지고 있는 권리가 있습니다. 인간이 누릴 수 있는 고유한 권리에 대해서는 어느 나라이건 법으로 정해 놓고 있습니다.[35] 인간만이 누릴 수 있는 소중한 인권은 어디서 온 것일까요? 인권은 인간을 창조하신 하나님으로부터 출발합니다. 세상의 모든 피조물들과는 달리 인간만이 창조주이신 하나님의 형상(形象)을 따라 창조되었습니다.[36] 사람은 누구를 막론하고 하나님의 형상을 소유하고 있습니다.

하나님께서 만드신 첫 사람 아담과 하와는 하나님의 형상으로 충만한 상태였습니다. 그러나 그들이 고의적으로 하나님을 대적하고 하나님을 떠났습니다. 그 후 아담과 하와에게 충만했던 하나님의 형상은 심하게 훼손되고 말았습니다. 그렇기는 하지만 모든 사람에게는 하나님의 형상이 얼마간 남아 있으며, 이것이 하나님께서 인간을 사랑하시는 이유이고 존중받아야 할 인권의 기본입니다.

인간의 권리를 침해하는 것은 곧 하나님의 권리를 침해하는 것입니다. 뿐만 아니라 하나님을 향한 도전행위이기도 합니다. 그러나 우리는 가정과 사회, 나아가서는 온 세상에 편만한 인권훼손의 현장을 수없이 목격합니다. 약육강식이 삶의 원리가 된 자본주의 사회에서는 타인의 인권을 억눌러야 내가 출세한다고 생각합니다.

---

35. 헌법에서 정의하는 인권이란 인간이 인간으로서 마땅히 누리는 기본적 권리. 인간이면 누구나 태어나면서부터 가지고 있는 권리로서, 어느 누구로부터도 침해받지 않을 권리를 말합니다. 크게는 자유권, 사회권(평등권 포함), 참정권으로 나뉩니다. 우리나라의 헌법 제9조에는 "모든 국민은 인간으로서의 존엄과 가치를 가지며, 행복을 추구할 권리를 가진다. 국가는 개인이 가지는 불가침의 기본적 인권을 확인하고 이를 보장할 의무를 진다."고 규정하고 있습니다.
36. 하나님의 형상이란 하나님의 지(知), 의(義), 성(聖)을 말하며(골 3:10, 엡 4:24), 생령과 영생(창 2:7)이고 영의 근본 속성인 이성(理性), 양심(良心), 의지(意志)입니다. 인간의 신체도 하나님의 형상을 따라 창조되어졌다고 여겨집니다.

하나님의 나라는 섬기는 자들의 것입니다. 하나님의 나라는 하나님의 형상이 회복된 구속받은 사람들이 모인 곳입니다. 지상의 하나님 나라는 교회입니다. 하나님의 나라인 교회는 인간의 인권이 완전하게 지켜지는 곳이라야 합니다. 교회는 헌신적인 섬김이 베풀어지는 곳입니다. 또 교회가 앞장서서 우리 사회의 인권을 위해 힘써 섬겨야 할 것입니다.

다른 사람의 인권을 지켜 주는 가장 소중한 방식은 사랑입니다. 사랑은 자기희생입니다. 자기희생이란 자신의 권리를 주장하는 대신에 타인의 인권을 우선적으로 생각하는 것입니다. 교회와 성도들은 억압당하는 사람들, 인권을 짓밟히는 계층과 이웃들에게 깊은 관심을 가져야 합니다.

5. 환경문제

"하나님이 그들에게 복을 주시며 하나님이 그들에게 이르시되 생육하고 번성하여 땅에 충만하라, 땅을 정복하라, 바다의 물고기와 하늘의 새와 땅에 움직이는 모든 생물을 다스리라 하시니라."(창 1:28)

(1) 환경에 관한 정의

환경이란 널리 생물이 생활하는 장소를 말하여 생물이 살아가고 있는 외계, 일반적으로 자연 환경을 가리켜 이르는 말이지만, 인간과 환경과의 관계에 따라 인적 환경, 문화적 환경 등으로 구분하여 말하기도 합니다. 인적 환경을 말할 때는 인간의 생활공간을 말하는 경우가 많습니다. 인간의 경우에 다른 생물과 크게 다른 것은 인간 자신이 만들어낸 문화적·사회적인 환경의 비중이 극히 크다는 점입니다. 자연 환경에는 물리적 환경과 생물적 환경이 있으며, 그것은 또 지형, 지질, 토양, 육수(육상의 수역), 해양, 기후, 식생, 동물, 미생물 등으로 구분되기도 합니다.

(2) 자원 낭비와 환경오염

환경문제에 있어서 주요 쟁점은 자원낭비와 환경오염입니다. 과학문명의 발달로 우리의 일상생활은 많은 부분에서 발전을 거듭해 왔습니다. 그런데 우리 생활의 발전은 많은 부분에서 천연자원을 소비하는 방향으로 진행되고 있습니다. 한정된 자원의 소비는 필연적으로 자원 고갈의 위기에 직면하고 있습니다. 현대 산업의 총아인 석유자원도 앞으로 40년 후면 바닥이 날 것이라는 전망입니다.

천연자원의 소비는 환경오염이라는 악순환을 낳고 있습니다. 환경오염의 종류에는 여러 가지가 있으나, 그 대표적인 것으로는 대기오염, 수질오염, 토양오염 등이 있습니다. 대기오염의 주범은 차량배기가스와 공업단지에서 배출되는 유독가스, 그리고 가정 보온용으로 쓰이는 석유와 석탄에서 나오는 일산화탄소와 이산

화황이 있습니다. 대도시와 공업단지 인근의 공기는 위험수위에 이른지 오래이며, 중국의 공업화와 함께 가장 피해를 많이 입는 지역이 우리나라일 것이라고 합니다.

심각한 수질오염으로 수돗물을 먹는 사람은 거의 없고 식수마저 사 먹고 있는 실정이나 나아질 전망이 없다는데 문제의 심각성이 있습니다. 바다와 강도 오염의 도가 지나쳐 물고기가 떼죽음을 당하는가 하면 물고기 등을 먹고 사는 새들도 중독되어 생태계가 일대 교란에 빠져들고 있습니다. 토양도 지나친 비료와 농약의 투여로 중금속으로 오염되어 있으며, 이는 토양에서 생산되는, 우리가 먹는 식품들이 점차 오염되어가고 있다는 것을 의미합니다.

(3) 대책

하나님께서는 우리에게 주신 자원을 잘 관리하라고 하셨습니다. 그동안 우리는 하나님의 명을 따라 자원을 잘 관리하기보다는 오히려 많은 부분에서 파괴해 왔습니다. 인간의 삶의 터전으로 인간에게 한없는 시혜를 베풀던 자연이 이제는 거꾸로 인간을 위협하기 시작하고 있습니다. 이제부터라도 우리는 자원절약과 환경오염방지에 적극 나서야 할 것입니다. 정부에서 할 일은 정부가 하도록 하고 가정에서 할 수 있는 일은 가정이 나서야 할 것입니다.

6. 새 하늘과 새 땅에서

"또 내가 새 하늘과 새 땅을 보니 처음 하늘과 처음 땅이 없어졌고 바다도 다시 있지 않더라."(계 21:1)

우리는 이 사회의 빛과 소금입니다. 사회를 위해 충성스럽게 봉사하는 사람들입니다. 이 세상의 어느 누구보다도 세상 사람들을 사랑해야 합니다. 원수까지 사랑하는 것입니다. 그렇지만 우리의 시민권은 하늘에 있으니, 이 땅의 불완전함은 저 하늘에서 이루어질 것입니다. 때문에 우리는 선을 행하면서 낙심하지 말아야 합니다.

[함께 나눔]

1. 전도와 사회참여와의 관계를 이해한대로 이야기해 봅시다.

2. 개인이 할 수 있는 자원 절약과 환경 살리기를 의논해 봅시다.

3. 직업을 통한 복음 전도의 계획을 세우고 함께 의논해 봅시다.

[마치면서]

1. 중보기도, 찬송, 헌금, 주기도로 모임을 마칩니다.
   (순서를 바꾸거나 생략할 수 있습니다.)

2. 한 주간 제자도를 잘 행해 오세요(성경읽기, 전도활동, 기도, 기타).

제11과
성례전

[반갑습니다]

한 주간 감사했던 이야기와 본인이나 다른 사람들의 결혼식 때의 에피소드를 이야기해 봅시다.
(찬송과 기도로 시작할 수 있습니다.)

1. 세례

"그러므로 너희는 가서 모든 민족을 제자로 삼아 아버지와 아들과 성령의 이름으로 세례를 베풀고"(마 28:19)

(1) 성례의 정의와 종류

성례(聖禮)를 의미하는 라틴어 사크라멘트(Sacraments)는 '보이지 아니하는 은총의 보이는 표시'라는 뜻입니다. 성례는 신자들에게 하나님의 은혜를 눈으로 보고 손으로 만질 수 있도록 감각적으로 전달되는 표시입니다. 물과 떡과 포도주를 감각적인 촉감으로 느낀다는 것입니다. 주께서 행하여 지키라고 정하신 성례는 세례와 성만찬이 있습니다.

(2) 성례의 영적 의미

성례의 특징이 하나님의 은혜를 몸으로 체험하고, 눈으로 보며, 손으로 만지는 감각적인 것이지만 감각적 은혜에 머무르는 것이 아닙니다. 성례는 성도가 그리스도와 연합되는 것을 의미합니다. 세례는 구원 받음으로 그리스도와 연합되는 것이니, 구원이 한 번인 것처럼 세례도 한 번입니다.

한 번 구원을 받음으로 성도는 영원히 그리스도와 연합됩니다. 세례가 연합의 상징입니다. 성만찬 또한 그리스도와 연합을 의미하는 것이며, 떡이 그리스도의 몸을 상징하는 것이요, 포도주는 그리스도의 피를 상징하는 것입니다.

(3) 세례의 기원

"요한이 모든 사람에게 대답하여 이르되 나는 물로 너희에게 세례를 베풀거니와 나보다 능력이 많으신 이가 오시나니 나는 그의 신발 끈을 풀기도 감당하지 못하겠노라. 그는 성령과 불로 너희에게 세례를 베푸실 것이요."(눅 3:16)

구약 시대에는 어린 아이가 태어나면 8일 만에 성전에 올라가 할례 예식을 치렀습니다.[37] 예수님도 할례를 받으셨습니다. 할례는 하나님의 백성이라는 표시였습니다. 그런데 이방인이 유대교로 개종하면 먼저 할례를 받고 후에 물에 잠기게 하여 세례를 받고, 물에서 올라오면 그는 유대인이 되었습니다. 예수님 시대에는 할례와 세례가 함께 시행되었다가 초대교회 때부터 할례는 폐지되고 세례만이 기독교 성례로 자리잡았습니다. 예수님께서 베푸신 물세례는 성령세례의 상징입니다. 물세례를 받는 것은 성령세례를 받았다는 표시인 것입니다.

(4) 세례의 의미

"무릇 그리스도 예수와 합하여 세례를 받은 우리는 그의 죽으심과 합하여 세례를 받은 줄을 알지 못하느냐. 그러므로 우리가 그의 죽으심과 합하여 세례를 받음으로 그와 함께 장사되었나니 이는 아버지의 영광으로 말미암아 그리스도를 죽은 자 가운데서 살리심과 같이 우리로 또한 새 생명 가운데서 행하게 하려 함이라."(롬 6:3-4)

---

37. 누가복음 2:21 "할례할 팔 일이 되매 그 이름을 예수라 하니 곧 잉태하기 전에 천사가 일컬은 바러라."

세례를 나타내는 헬라어 밥티죠(βαπτιζω)는 '물에 잠근다, 물로 씻는다, 물을 뿌린다'는 뜻이 있습니다. 세례에 대한 의미를 이해하는 것은 성도들에게 대단히 중요합니다. 세례에는 신자의 삶의 방향이 들어 있기 때문입니다.

① 의롭다 하는 표시입니다

"베드로가 이르되 너희가 회개하여 각각 예수 그리스도의 이름으로 세례를 받고 죄 사함을 받으라. 그리하면 성령의 선물을 받으리니" (행 2:38)

세례는 회개하고 죄 사함을 받은 사람에게 주어지는 것입니다. 세례를 받은 사람은 의인이라는 것이요, 의인이 되었다는 표시로 세례를 주는 것입니다. 물론 의인(義人)이라는 뜻은 사람이 하나님처럼 의롭게 변했다는 것이 아니라 의롭다고 인정한다는 의인(義認)의 의미를 갖습니다.

② 중생의 표시입니다.

"무릇 그리스도 예수와 합하여 세례를 받은 우리는 그의 죽으심과 합하여 세례를 받은 줄을 알지 못하느냐. 그러므로 우리가 그의 죽으심과 합하여 세례를 받음으로 그와 함께 장사되었나니 이는 아버지의 영광으로 말미암아 그리스도를 죽은 자 가운데서 살리심과 같이 우리로 또한 새 생명 가운데서 행하게 하려 함이라. 만일 우리가 그의 죽으심과 같은 모양으로 연합한 자가 되었으면 또한 그의 부활과 같은 모양으

로 연합한 자도 되리라."(롬 6: 3-5)

세례는 성도가 그리스도의 죽음과 부활에 참여함으로 옛 사람이 죽고 새사람으로 다시 사는 중생의 표시입니다. 즉 우리가 세례를 받을 때 우리의 옛 사람이 그리스도와 함께 죽었다는 것을 상징합니다. 성도가 세례 시에 물속에 들어간다는 것은 죽어 무덤에 장사된다는 의미입니다. 물에서 다시 올라올 때 부활하신 그리스도와 함께 죽음에서 다시 살아난다는 것을 상징합니다.

③ 그리스도의 몸인 교회에 연합하는 표시입니다.

"우리가 유대인이나 헬라인이나 종이나 자유인이나 다 한 성령으로 세례를 받아 한 몸이 되었고 또 다 한 성령을 마시게 하셨느니라."(고전 12:13)

세례자는 이 패역한 세대에서 나와 구원을 얻었습니다.[38] 그리고 예수의 제자가 되어[39] 성령을 선물로 받아[40] 교회와 한 몸이 되었습니다(고전 12:13). 교회와 한 몸이 되었다는 것은 교회의 머리인 예수 그리스도의 몸의 일부분이 되었다는 것입니다. 그리고 성도는 그리스도의 새 생명 가운데 행하게 됩니다.[41] 그러니 세례자

---

38. 사도행전 2:40 "또 여러 말로 확증하며 권하여 이르되 너희가 이 패역한 세대에서 구원을 받으라 하니"
39. 요한복음 4:1 "예수께서 제자를 삼고 세례를 베푸시는 것이 요한보다 많다 하는 말을 바리새인들이 들은 줄을 주께서 아신지라."
40. 사도행전 2:38 "베드로가 이르되 너희가 회개하여 각각 예수 그리스도의 이름으로 세례를 받고 죄 사함을 받으라 그리하면 성령의 선물을 받으리니"
41. 로마서 6:4 "그러므로 우리가 그의 죽으심과 합하여 세례를 받음으로 그와 함께 장사되었나니 이는 아버지의 영광으로 말미암아 그리스도를 죽은 자 가운데

는 그리스도의 몸으로서 머리 되신 그리스도께서 분부하신 모든 것을 지킬 의무를 가지게 된 것입니다.[42] 몸은 항상 머리의 명령을 따르게 되어 있기 때문입니다. 이러한 은혜를 세례 전, 믿을 때에 받았으나, 세례로써 확실히 인치시는 것입니다.

(5) 세례의 형식

세례의 양식에는 침례, 관수, 세례의 세 가지 방식이 있습니다. 먼저 침례는 사람을 완전히 물속에 잠기게 했다가 일으켜 세우는 방식입니다. 침례교를 중심으로 몇몇 교단에서는 침례를 선호합니다. 다음으로 초대교회 이후 시행되었던 관수는 머리에 물을 잔뜩 쏟아 붓는 의식이었습니다. 이러한 관수 의식은 요즘은 별로 많이 사용되고 있지 않습니다. 또 한 가지는 현재 대부분의 교회들에서 사용하는 세례라는 형식이 있습니다. 세례는 머리에 물을 떨어뜨리는 방법을 사용하고 있습니다. 어떤 양식을 사용하느냐 하는 것은 별로 중요하지 않습니다. 성례는 상징을 나타내는 것이기 때문입니다. 말하자면 결혼식이 한국식이냐, 서양식이냐가 중요한 것이 아니라 그 의미가 중요하다는 것과 같은 이치입니다.

서 살리심과 같이 우리로 또한 새 생명 가운데서 행하게 하려 함이라."
42. 마태복음 28:20 "내가 너희에게 분부한 모든 것을 가르쳐 지키게 하라 볼지어다. 내가 세상 끝날까지 너희와 항상 함께 있으리라 하시니라."

(6) 세례의 대상

"베드로가 이르되 너희가 회개하여 각각 예수 그리스도의 이름으로 세례를 받고 죄 사함을 받으라. 그리하면 성령의 선물을 받으리니" (행 2:38)

세례는 자기의 죄를 회개하고 예수 그리스도를 믿는 사람에게 성삼위 하나님의 이름으로 베푸는 것입니다. 믿는다고 다 주는 것이 아니라 믿음을 확실히 고백하고 믿음대로 살 때 주는 것입니다. 그러므로 교회에서는 세례 대상자를 향해 일정한 기간 동안 교육을 하며, 교육 기간 동안 교회생활(예배, 기도, 헌금 등)을 바로 해 나가는 사람에게 세례를 주는 것입니다.

교회에 따라 다르지만 보통 6개월의 예비과정인 학습을 거치고(이 과정을 생략하는 교회도 있습니다), 학습을 마친 후 6개월간의 교육과 신앙고백, 신앙생활을 관찰하여 최종적으로 세례를 베푸는 것입니다. 물론 1년이 지나면 자동적으로 세례를 베푸는 것은 절대로 아닙니다. 분명한 신앙고백과 거듭난 증거가 없이는 1년이 아니라 평생을 예배당에 나와도 세례를 베풀지 않습니다. 이처럼 세례를 신중히 하는 까닭은 신자가 하나님의 백성이 되었다고 하는 증거는 교회의 세례밖에 없기 때문입니다. 이렇게 소중한 세례를 함부로 베풀 수도 없고 함부로 받아서도 안 됩니다. 그러니 교회의 세례는 신자에게 최고로 중요한 것입니다.

유아세례는 하나님의 약속에 근거하여 부모의 믿음을 보고,

부모가 아이를 믿음으로 양육할 것을 조건으로 하여 주는 것입니다. 그러니 유아세례를 받은 자녀의 신앙적 책임은 부모에게 있는 것입니다.

2. 성만찬

"또 떡을 가져 감사기도 하시고 떼어 그들에게 주시며 이르시되 이것은 너희를 위하여 주는 내 몸이라 너희가 이를 행하여 나를 기념하라 하시고"(눅 22:19)

(1) 성만찬의 기원

① 구약교회의 희생제사

"모든 영혼이 다 내게 속한지라 아버지의 영혼이 내게 속함 같이 그의 아들의 영혼도 내게 속하였나니 죄를 범하는 그 영혼은 죽으리라."(겔 18:4)

구약교회 예배의 핵심은 '희생제사'였습니다. 희생 제사란 죄값으로 죽어야 할 사람 대신 짐승을 잡아 하나님께 제사 드리는 것을 말합니다. 구약의 성도들은 예배를 드릴 때마다 짐승을 가지고 하나님 앞에 나아갔습니다. 제사장은 성도의 죄를 위해 양의 머리에 안수하고, 양의 주인은 자신의 죄를 대신하여 양을 잡아 하나님께 재물로 드렸습니다. 이렇게 짐승으로 제사를 드린 이유는 죄의 값은 죽음이기 때문에 죄를 지은 사람을 대신하여 짐승을 죽였던 것입니다. 이렇게 함으로써 그 사람의 지은 죄가 용서를 받고 하나님과 화목을 이루었습니다.

② 유월절 어린양

"너희는 이스라엘 온 회중에게 말하여 이르라 이 달 열흘에 너희 각자가 어린 양을 잡을지니 각 가족대로 그 식구를 위하여 어린 양을 취하되 … 너희는 그것을 이렇게 먹을지니 허리에 띠를 띠고 발에 신을 신고 손에 지팡이를 잡고 급히 먹으라. 이것이 여호와의 유월절이니라." (출 12:3,11)

이스라엘 백성이 자신들의 죄를 대신하여 짐승을 희생 재물로 예배를 드린 것은 이미 아벨에게서, 노아와 아브라함에게서 나타납니다. 그러나 이것을 하나님께서 공식적인 예배법으로 정하신 것은 출애굽의 유월절 때부터입니다. 가나안으로 떠나기 전날 애굽에 있던 구약의 성도들은 흠 없는 어린 양을 잡아 그 피는 문설주에 바르고 고기는 불에 구워서 먹었습니다.

그 날 밤에 죽음의 천사가 애굽 전역을 휩쓸었을 때, 애굽의 처음 난 것은 사람의 자식을 비롯하여 짐승의 초태생까지 모두 죽였으나, 문설주에 양의 피가 발라진 집은 건너가(유월) 장자의 죽음을 면하게 되었습니다. 이 사건 이후 구약 교회의 성도들은 하나님 앞에 예배 드리러 나아갈 때에는 반드시 짐승을 가지고 가서 자신의 죄를 대신해 짐승을 희생 제물로 드려야 했습니다.

③ 최후의 만찬

"너희는 누룩 없는 자인데 새 덩어리가 되기 위하여 묵은 누룩을 내버리라 우리의 유월절 양 곧 그리스도께서 희생되셨느니라."(고전 5:7)

그런데 구약 교회의 성도들이 드린 어린 양은 사실은 우리의 주 예수 그리스도를 상징하고 있는 것입니다. 그래서 세례 요한도 예수님을 보고 "보라 세상 죄를 지고 가는 하나님의 어린 양이로다"(요 1:29下)라고 하여 예수님이 사람들의 모든 죄를 위해 죽으실 어린양이심을 백성들에게 알렸습니다. 예수님은 우리의 죄를 위해 희생의 재물이 되기 위해 오셨습니다. 예수님은 임박한 그의 죽음을 앞두고 제자들과 최후의 만찬을 유월절 날에 잡수셨습니다. 그리고 어린 양이신 그의 몸과 피를 대신하여 떡과 포도주를 제자들에게 나누어 주심으로 그의 죽음이 우리를 위한 유월절 희생 제물임을 천명하셨습니다.

이 최후의 만찬은 교회 예배의 기초가 되었습니다. 신약 교회 예배의 직접적인 근거는 성만찬에서 시작이 되었다는 것입니다. 예수님께서 제자들과 함께 마지막으로 나누신 만찬은 이후 기독교 예배의 기본적인 틀이 된 것입니다. 예수님께서 우리의 죄를 위한 희생 제사를 드리심으로 우리는 더 이상 짐승을 희생하는 제사는 드리지 않게 되었습니다. 만일 예수님의 희생 제사가 없었다면 오늘날 우리는 예배드리러 갈 때마다 반드시 소, 염소, 양 등의 짐승을 가지고 가서 그 짐승을 잡아 하나님 앞에 우리의 죄를 대신해 드려야 했을 것입니다.

(2) 성찬의 의미

① 감사

"말할 수 없는 그의 은사로 말미암아 하나님께 감사하노라."(고후 9:15)

성찬 예배는 하나님의 아들 예수 그리스도의 은혜에 감사하는 감사 예식입니다. 마땅히 죽어야 할 우리를 대신하여 죽으신 말할 수 없는 은혜를 인하여 하나님께 감사드리는 것입니다. 그뿐 아니라 주님의 살과 피를 우리에게 주시는 그 은혜를 감사하는 것입니다. 사실 죄인이 그리스도의 몸과 피에 연합한다는 것 이상의 감사가 어디 있겠습니까?

② 기념

"축사하시고 떼어 이르시되 이것은 너희를 위하는 내 몸이니 이것을 행하여 나를 기념하라 하시고"(고전 11:24)

우리를 위해 죽으신 주님을 기념하는 축제입니다. 구약 교회의 성도들도 자신들이 종 되었던 애급에서 구해 주신 유월절을 기념해서 늘 희생 제사를 드렸습니다. 구약의 성도들은 희생 제사를 드리기 위해 짐승을 잡을 때마다 '아! 내가 죽어야 마땅한데 이 짐승이 대신 죽는구나.' 하면서 자신의 죄를 회개했을 것입니다. 우리는 성만찬을 행함으로 주님께서 우리의 죄를 대속하시기 위해 죽으신 은혜를 기념합니다. 주의 몸과 피를 대할 때마다 '아! 죄로 인해 짐승처럼 처참하게 죽어야 되는 나를 위해 주님께서 대신 죽으시고, 나를 살리셨구나.' 하면서 감격해 하는 것입니다.

③ 성도의 교제

"우리가 축복하는바 축복의 잔은 그리스도의 피에 참여함이 아니며 우리가 떼는 떡은 그리스도의 몸에 참여함이 아니냐."(고전 10:16)

성만찬은 원래 예수님께서 죽으시기 전날 밤에 제자들과 함께 한 최후의 만찬에서 출발했습니다. 만찬이란 글자 그대로 저녁식사입니다. 사람들에게 있어서 교제하기에 가장 적합한 장소는 식탁입니다. 예수님은 지상에 계실 때에 항상 제자들과 함께 먹고 마시면서 식탁 교제를 나누셨습니다.

항상 한 식탁에서 식사를 하셨다는 것은 예수님과 제자들은 이미 한 가족이었다는 의미입니다. 그러므로 성만찬은 다름 아닌 하나님나라 가족들이 하나님을 모시고 식사하는 자리인 것입니다. 그런데 식탁의 떡과 잔이, 그냥 떡과 잔이 아니라 예수 그리스도라는 것입니다. 떡이 예수 그리스도의 살이고, 포도주는 예수 그리스도의 피라고 주님께서 친히 말씀하셨습니다. 그러므로 떡과 잔에 참여하는 것은 예수 그리스도를 먹고 마시는 것과 동일한 것입니다.[43] 우리는 떡과 잔에 참여함으로 먼저는 그리스도

---

43. 성찬과 주의 임재: 성만찬 시에 주님께서 어떻게 임재하느냐의 문제입니다. 오랫동안 논쟁이 되어 왔으며, 지금도 학자들에 따라 상당한 견해차를 가지고 있는 민감한 사안입니다. 대표적인 학설을 소개합니다.

① 로마교회의 화체설
로마교회가 주장하는 화체설이란 성만찬의 떡과 포도주가 주님의 살과 피로 실재로 변화한다는 것입니다. 떡과 포도주가 그리스도의 몸으로 직접 변화되니까 성만찬 시에 그리스도의 육체적인 몸이 직접 와 있다는 것입니다. 신부가 축사하면 떡과 포도주가 주님의 몸으로 변한다는 것입니다. 떡과 잔이 주님의 실재적인 몸이고 피니 참여만 하면 자동적으로 은혜가 임한다고 함으로 말씀 선포보다 성만찬을 더 중요시합니다. 떡과 포도주가 실재로 주님의 몸이니 일반 신자들은 몸인 떡에만 참여할 수 있고 피는 너무 거룩하기 때문에 신부만 참여하는 것으로 되어 있습니다. 그리고 떡과 잔이 주님의 실재적인 몸과 피이니 극히 소중히 여겨야 된다고 하여 숭배하고 있습니다.

② 루터파의 공재설
루터파의 성찬관은 공재설입니다. 공재설이란 성만찬 시에 주님께서 육체로 임하신다는 것입니다. 어떻게 임하는지는 모르지만 그리스도의 몸과 피가 성만찬의 떡과 잔에 임한다는 것입니다. 루터파에서는 그렇게 이야기하지 않지만 공재설은 로마교회의 화체설과 크게 다르지 않는 것 같습니다.

③ 쯔빙글리파의 기념설
쯔빙글리는 기념설을 주장했습니다. 기념설이란 성만찬 시에 떡과 잔이 로마교회의 화체설처럼 그리스도의 몸과 피로 변한다든가, 루터파처럼 떡과 잔에 그리스도의 몸과 피의 요소가 함께 있다는 것이 아닙니다. 성만찬은 예수 그리스도의 죽으심을 기념하고 회상한다는 것입니다.

④ 칼빈의 영적 임재설
영적 임재설이란 성만찬 시에 그리스도의 육체가 실재로 임하는 것도 아니고, 단순히 기념만도 아닙니다. 성만찬을 합당하게 시행하면 영으로 그리스도의 모든 구원하신 은혜가 우리에게 전해 온다는 것입니다. 그러니 성만찬에 참여하는 사람들은 실재로 은혜를 받습니다. 믿음으로 떡과 잔을 받으면 영적인 은혜가 오는 것입니다. 그리스도께서 몸으로가 아니고 영으로 성만찬에 오십니다. 그러기 때문에 성만찬을 믿음으로 받는 사람은 주님과 영적 연합을 이루며 신앙이 자라는 것입니다.

와 교제를 이룹니다. 떡과 잔에 참여한다는 것은 우리가 그리스도의 몸에 동참한다는 것이요, 내가 그리스도 안에 그리스도께서 내 안에 거하는 은혜를 실질적으로 누리게 되는 것입니다. 그리고 성도들 모두가 한 떡과 한 잔에 참여함으로 하나님의 한 가족, 한 형제가 되었음을 확인하는 것입니다.

④ 복음 전도

"너희가 이 떡을 먹으며 이 잔을 마실 때마다 주의 죽으심을 그가 오실 때까지 전하는 것이니라."(고전 11:26)

성만찬에 참여하는 것은 복음 전도와 깊은 관계가 있습니다. 성만찬은 주님과의 석별의 정을 나누는 장소였을 뿐만 아니라 앞으로 재림하실 하나님나라의 잔치이기도 합니다. 초대 교회의 성도들은 늘 모여서 예배를 드리며, 떡과 잔을 나누었습니다. 사람들이 "왜 당신들은 모일 때마다 떡과 잔을 나누는 거요?" 하고 물을 때 "오늘 우리가 떡을 먹고, 잔을 나누는 것은 예수님께서 우리를 위해 피를 흘려 죽으시고, 머리에 가시 면류관을 쓰시고, 창에 찔려 죽으신 것을 기념하는 것이라오. 예수님은 우리의 구세주일 뿐만 아니라 당신들을 위해서도 죽으신 분이라오. 당신도 우리 주 예수를 믿으시오."라고 말할 수 있었던 것입니다. 그러므로 떡과 잔을 먹고 마시는 것이 주께서 우리를 위해 죽으셨음을 이 방에 알리는 것이요, 먹고 마실 때마다 그리스도의 우리를 위한 죽음을 상기하여 복음 전도의 각오를 새롭게 하는 것입니다.

⑤ 종말의 소망

"그러나 너희에게 이르노니 내가 포도나무에서 난 것을 이제부터 내 아버지의 나라에서 새것으로 너희와 함께 마시는 날까지 마시지 아니하리라 하시니라."(마 26:29)

성도들은 주님의 성만찬에 참여함을 통해 그리스도의 재림을 소망하게 됩니다. 부활하신 주님은 다시 오시겠다고 우리에게 약속하셨습니다. 성만찬은 주님의 다시 오심을 소망하는 자리입니다. 초대 교회의 성도들은 성만찬 예배를 드리면서 "주 예수여, 오시옵소서."(마라나타 : μαρανατα)라고 하여 주님의 재림을 위해 기도했습니다.[44]

다가올 하나님 나라에서 하나님과 더불어 먹고 마시는 아름다움이 이 땅에서는 성만찬의 형식으로 진행되는 것입니다. 그러므로 성만찬은 예수 그리스도의 다시 오심을 기다리는 예식입니다. 그리고 영으로 다시 오신 주님과 더불어 먹고 마시는 아름다운 천국의 잔치입니다.

---

44. 마라나타 :'마라나타'라는 기도문은 성만찬 예배에서 공식적으로 사용된 예배 용어입니다. 마라나타의 뜻은 두 가지입니다. 하나는 '주 예수님, 제자들과 함께 계셨던 것처럼 여기 오셔서 우리와 함께 계셔 주십시오.'라고 하는 것과, 주님의 재림을 기대하면서 '주님, 어서 속히 오셔서 이 세상의 불의를 심판하시고 의인들을 구원하소서'라는 뜻입니다. 성경의 마지막책인 요한계시록의 마지막도 '주 예수여 오시옵소서'로 끝나고 있습니다. 이로보아 초대 교회 성도들의 소망은 주님의 재림에 있었다는 것을 알 수 있으며, 이 재림 소망은 성만찬을 통해 강화되어졌음을 알 수 있습니다.

(3) 성찬에 참여하는 자격

성찬은 분별력이 없는 아이나(고전11:28) 불신자, 그리고 결함이 있는 성도는 참여하지 못합니다. 성찬은 모든 사람을 위하여 있는 것이 아니라 오직 스스로를 살필 수 있는 참된 성도를 위하여 존재합니다.

[함께 나눔]

1. 반드시 세례를 받아야 하는 이유는 무엇입니까?

2. 당신도 세례 받을 수 있는지 말해 보세요.

3. 성만찬에 참여하는 이유와 유익을 말해 봅시다.

[마치면서]

1. 중보기도, 찬송, 헌금, 주기도로 모임을 마칩니다.
   (순서를 바꾸거나 생략할 수 있습니다.)

2. 한 주간 제자도를 잘 행해 오세요(성경읽기, 전도활동, 기도, 기타.).

제12과
세계선교

[반갑습니다]

그 동안 제자훈련을 하면서 배우고 실천한 것 중, 습관이 된 것이나, 잘하고 있는 것, 해야 할 것을 이야기해 봅시다.
(찬송과 기도로 시작할 수 있습니다.)

"오직 성령이 너희에게 임하시면 너희가 권능을 받고 예루살렘과 온 유대와 사마리아와 땅 끝까지 이르러 내 증인이 되리라 하시니라."
(행 1:8)

21세기 지구촌은 인구의 폭발적 증가를 보이고 있으며 그들 대부분은 예수 그리스도를 알지 못하고 그냥 죽어가고 있습니다. 70억 인구의 2/3가 복음을 듣지 못하고 있을 뿐만 아니라 지구촌

곳곳에서 이슬람 근본주의를 비롯한 많은 이방 종교들이 맹위를 떨치고 있습니다. 현재 100여 나라에는 선교사가 들어갈 수 없으며, 1,200여 작은 부족 단위의 국가들이 아직 복음을 듣지 못한 상태로 그냥 버려져 있습니다.

1. 오늘 사망의 빗장을 부수시고(아펜젤러의 기도문)

"오늘 사망의 빗장을 부수시고 부활하신 주님께 간구하오니 어두움 속에서 억압을 받고 있는 이 한국 백성에게 밝은 빛과 자유를 허락하여 주옵소서."

이 기도문은 지금으로부터 126년 전인 1885년 부활절 날 제물포 항구에 발을 디딘 아펜젤러 선교사의 기도문 중 일부입니다.

2. 복음에 빚진 자

아펜젤러 선교사와 언더우드 선교사가 입국하던 1885년 당시 우리나라는 미개하고 가난한 나라였습니다. 그러다가 1910년에 한일합방이 되었습니다. 산천초목마저 일본이 빼앗아 가고 남은 것이 거의 없었습니다. 1945년에 해방이 되었으나 1950년에 6.25

전쟁이 일어나 그나마 남아 있던 것까지 모두 파괴되어, 1960년 세계 통계에 의하면 세계 122개 나라 중 우리나라의 국민소득이 세계 121번째였습니다. 그러던 우리나라가 지금은 경제력이 세계 10위권이고, 철강, 조선, 자동차, 반도체, 가전제품은 세계 최고 수준입니다. 우리나라가 5천년 역사 이래 최고의 전성기입니다.

우리나라의 발전에는 여러 가지 요인이 있었겠지만 그 중 하나가 선교사들의 영향입니다. 1885년에 의사 알렌이 선교사로 와서 병든 고종황제를 고쳐 주고 고종의 주치의가 되었으며, 세브란스의 전신인 광혜원을 세웁니다. 수많은 선교사들이 자국에서 대규모의 선교비를 모금해서 들어와 각종 선교사업을 시작합니다. 교회당과 고아원을 세우고, 현대식 병원을 세우며, 교육기관을 세우면서 오늘날의 교육제도가 생겼습니다. 연세대, 서강대, 이화여대 등의 명문 사학들이 선교사들이 세운 학교입니다. 우리나라 여자들이 학교에 가고, 사회에 진출하게 된 것이 기독교와 만나면서부터였습니다. 한국의 발전에 미친 선교사들의 업적은 실로 지대했습니다.

서울 망원동의 한강변 양화진 외국인 선교사 묘지에만 417명의 선교사들이 잠들고 있습니다. 기독교 역사상 100년이라는 기간 동안 선교사가 가장 많이 파송된 나라가 한국이고, 그리고 가장 많은 선교사들이 순교한 나라도 한국이라고 합니다. 6.25 전쟁 때에는 미군 54,246명, 유엔군 628,993명의 젊은이들이 희생하였습니다. 우리는 복음에, 사랑에 빚진 나라입니다.

3. 하나님의 선교사 예수 그리스도

"하나님이 세상을 이처럼 사랑하사 독생자를 주셨으니 이는 그를 믿는 자마다 멸망하지 않고 영생을 얻게 하려 하심이라. 하나님이 그 아들을 세상에 보내신 것은 세상을 심판하려 하심이 아니요, 그로 말미암아 세상이 구원을 받게 하려 하심이라."(요 3:16-17)

하나님은 사랑이십니다. 하나님께서는 하나님의 사랑을 받을 만한 가치가 없는 죄인을 사랑하십니다.

우리 인간은 스스로 하나님을 떠나 끊임없이 죄를 지어 도저히 용서받을 수 없는 존재들입니다. 인간은 태어나면서 죄를 지으며, 죄의 값으로 이미 심판을 받아 저주와 멸망의 길로 나아가고 있습니다. 인간에게 있어서 죽음은 죄의 값이며, 영원한 저주입니다. 인간은 스스로 이 저주에서 벗어날 수 없습니다. 이렇게 인간은 비참한 존재입니다.

이런 비참한 처지에 빠진 우리 인간을 위해 하나님께서는 계속해서 그의 종들을 선교사로 보내셨습니다. 그러시다가 최후에는 그의 아들을 우리를 위한 선교사로 보내셨습니다. 하나님의 아들을 우리에게 보내신 것은 우리가 심판을 면하고 영생을 얻게 하려 하심입니다. 하나님께서 우리에게 보내신 선교사 예수 그리스도의 구원하시는 사역을 통해 인류는 마침내 구원을 받게 되었습니다.

4. 주님의 지상(至上) 명령

"예수께서 나아와 말씀하여 이르시되 하늘과 땅의 모든 권세를 내게 주셨으니 그러므로 너희는 가서 모든 민족을 제자로 삼아 아버지와 아들과 성령의 이름으로 세례를 베풀고 내가 너희에게 분부한 모든 것을 가르쳐 지키게 하라 볼지어다. 내가 세상 끝날까지 너희와 항상 함께 있으리라 하시니라."(마 28:18-20)

구원 받은 신자들이라면 마땅히 생명을 주신 주인(主人) 되시는 주 예수 그리스도의 명령을 생명보다 소중하게 여겨 지켜야 합니다. 그리스도의 명령을 따르는 것이 신자 된 본분이요, 구원 받은 증거인 까닭입니다. 그리스도의 명령을 지켜 나가는 것이 영적 생명을 성장시키는 것이기도 합니다. 주님의 모든 명령이 생명을 다해 지켜야 하는 것이로되 특별히 전도에 대한 명령은 주님께서 마지막으로 당부하신 유언적 성격을 띤 명령이라는 사실을 기억할 필요가 있습니다.

우리에게 전도를 명하신 주님께서는 하늘과 땅의 모든 권세를 가지셨음을 상기시키십니다. 하늘과 땅의 권세를 가지신 주님이 세상 끝까지 우리와 함께 하실 것을 약속하십니다. 주님께서 우리와 함께 하시겠다는 약속은 주님께서 친히 하신 약속입니다. 그런데 이 약속은 전도 명령과 함께 주어지고 있습니다. 주님께서 성도들에게 언제나 함께 계실 것이지만 복음을 전하는 자리에, 예수가 구세주라는 진리를 전하는 자리에 특별한 관심을 가지고 함께 계시겠다는 것입니다. 예수충만, 성령충만은 복음 전도를 위해 사는 사람을 위해 예비된 것입니다.

5. 주님의 증인

"오직 성령이 너희에게 임하시면 너희가 권능을 받고 예루살렘과 온 유대와 사마리아와 땅 끝까지 이르러 내 증인이 되리라 하시니라."
(행 1:8)

주님께서 명령하신 선교 명령을 수행하는 일은 아무나 할 수 있는 것은 아닙니다. 주님께서는 영혼을 구원하는 명령을 특별한 사람들에게만 맡기셨습니다. 주님께서는 하나님의 영, 즉 성령을 받은 사람들에게만 선교할 수 있는 능력을 주셨습니다. 성령이 우리에게 임하심을 통해 우리는 예수의 증인이 됩니다. 예수가 주라는 진리를 믿고 예수를 주로 고백한 사람은 성령이 임한 사람입니다. 성령으로 아니하고는 예수를 주라고 할 수 없습니다. 왜냐하면 악한 영이 그 어두움의 권세로 사람들을 미혹하여 예수가 주라는 진리를 감추고 있기 때문입니다. 그러나 주의 보내신 성령을 받으면 어두움의 권세가 물러가고 예수가 주라는 진리를 깨닫게 됩니다. 그리고 우리에게 임한 성령으로 말미암아 권능을 받습니다. 어느 특정한 사람에게만 권능이 임하는 것이 아니라 예수를 주로 믿는 사람에게는 누구든지 권능이 임하는 것입니다.

하나님께서 신자에게 성령을 부어 주시고 권능을 주신 중요한 이유가 있습니다. 땅 끝까지 이르러 예수의 증인이 되라는 것입니다. 예수께서 세상 죄를 지시고 십자가에서 죽으심으로 세상을 구원하시고, 장사한 지 사흘 만에 다시 사심으로 온 천하의 주가 되신 사실을 보고 듣고 전할 수 있는 사람을 증인이라고 합니다.

6. 주님의 재림

"이 천국 복음이 모든 민족에게 증언되기 위하여 온 세상에 전파되리니 그제야 끝이 오리라."(마 24:14)

지구는 마지막 날을 향해 부지런히 나아가고 있습니다. 우리가 사는 지구가 언제인가 멸망하리라는 사실에 대해서 과학자들은 대체로 동의하고 있습니다. 자원고갈, 인구폭발, 환경오염, 기근, 기상이변 등 이미 과학의 한계를 넘어선 문제들로 인해 인류의 장래는 탈출구가 없음을 직접적으로 가르치고 있습니다. 예수 그리스도께서 다시 오시는 날이 인류의 마지막 날이 될 것입니다. 그러면 주님은 언제 오실까요? 수많은 사람들이 주님께서 오실 날짜까지 예측했다가 결국 이단으로 정죄를 받았고, 여호와의 증인들의 경우는 주님께서 이미 영으로 재림하셨다는 이단 사설을 펴고 있습니다. 예수 그리스도의 재림은 복음의 세계적 전파와 밀접한 관련이 있습니다. 온 세상 땅 끝까지 복음이 전파되어야 주님께서 재림하실 것입니다.

7. 교회와 선교

(1) 파송된 선교사의 선교지와 그 가족에 대한 이해

선교지에 대해 잘 알아보도록 합시다. 선교하는 나라에 대한 구체적인 정보는 선교를 이해하고 간접 선교를 하는데 필수적인 요소입니다. 또한 선교지에 파송되어 있는 선교사와 그 가족에 대한 이해도 매우 중요합니다. 선교의 핵심은 선교사와 그 가족이기 때문입니다.

(2) 단기 선교와 선교지 방문

요즘은 해외여행이 많아졌는데 해외여행을 할 기회가 있다면 선교지를 방문하는 것도 유익할 것입니다. 구체적인 계획을 세워 단기 선교 목적으로 선교지를 방문하는 것도 좋을 것입니다. 방문 시에는 선교사의 선교 사역에 방해가 되지 않도록 각별히 유의해야 할 것입니다.

(3) 선교사에게 격려 편지하기

외국으로 간 선교사들은 여러 가지로 외로운 가운데 영적 전쟁을 해야 합니다. 성도들이 선교사들에게 보내는 격려 편지는 끊임없이 영적 전쟁을 해야 하는 선교사들에게 큰 위로와 힘이 됩니다.

(4) 선교 헌금

파송된 선교사들을 위해 매달 일정액의 선교헌금을 하는 것이 선교사역을 돕는 방법 중의 하나입니다.

(5) 기도

선교사들을 위한 가장 중요한 지원은 기도입니다. 선교사들을 위해 작정하고 기도하는 것이 무엇보다 중요합니다.

8. 세계는 나의 교구입니다

18세기를 살았던 존 웨슬리는 "세계는 나의 교구다!"라고 외치면서 땅 끝까지 복음을 전하기 위해 온 힘을 다했습니다. 그 결과 감리교단이 생겨났습니다. 웨슬리 사후 200여 년이 지난 21세기는 웨슬리 때와는 비교도 할 수 없을 만큼 세계가 하나입니다. 기독교 선교 사상 선교사들로부터 가장 많은 혜택을 누렸고, 가장 많은 발전을 이룬 한국교회는 이제 힘을 다해 그 빛을 갚아야 할 때입니다. 가깝게는 북한 선교입니다. 그리고 온 세상 모든 나라를 향해 복음을 전해야 합니다. 내가 가든지 보내든지 해야 합니다.

[함께 나눔]

1. 선교하는 사람들에 대해 갖고 있었던 생각에 대해서 나눠 봅시다.

2. 선교는 왜 해야 합니까?

3. 나는 어떻게 선교에 동참할 수 있을까요?

[마치면서]

1. 중보기도, 찬송, 헌금, 주기도로 모임을 마칩니다.
   (순서를 바꾸거나 생략할 수 있습니다.)

2. 한 주간 제자도를 잘 행해 오세요(성경읽기, 전도활동, 기도, 기타.).